与最聪明的人共同进化

CHEERS

HERE COMES EVERYBODY

让慢热晚熟的男孩早开窍

〔日〕和田秀树 著
赵学坤 译

「自分から勉強する子」の親の言葉 男子編

浙江教育出版社·杭州

测一测

测一测 你会有效引导"慢热男孩"吗?

扫码鉴别正版图书
获取您的专属福利

扫码获取全部测试题及答
案,一起了解养育"慢热男
孩"的关键技巧

- 享誉世界的发明家爱迪生有注意缺陷多动障碍
  (ADHD)倾向,据说他最多只能集中三分钟的注
  意力。这是真的吗?

  A. 真　　　　　B. 假

- 培养"慢热男孩"自学力的关键包括:

  A. 让孩子明白学习是为了自己而不是父母

  B. 培养孩子的自信心与自我肯定感

  C. 培养孩子在学习上的好胜心

  D. 以上都是

- 当男孩成绩下滑时,父母哪种反馈能够有效帮助孩
  子重拾信心?

  A. 对孩子说:"整天就知道玩,怎么就没有一点上
  进心呢!"

  B. 跟外人抱怨:"只有我们下了死命令,他才会坐在
  书桌前学一会儿。"

  C. 给自己做心理建设:儿子开窍晚,现在慢点没关系

  D. 对孩子说:"你就不能在学习时稍微上点心,争
  点气吗?"

  扫描左侧二维码查看本书更多测试题

慢热晚熟是男孩的天生人设

1

"整天就知道玩，这孩子怎么从来不会主动去学习一会儿呢？"

"只有我们下了'死命令'，他才会坐到书桌前学一会儿。

但你看他那个样子哟，满脸都是不耐烦、不情愿。

这孩子真是一点学习的自觉性都没有！"

上房揭瓦对男孩来说是小菜一碟，安静读书却能"要了他的命"。

无数父母皱紧眉头，甚至攥紧拳头，

也无法改变这顽固的男孩特性。

家庭教育，特别是孩子的学业辅导，对父母来说像一场修行。

很多道理，父母不费尽一番心思，孩子就不会明白；

很多习惯，孩子不重复一万次就成不了"自然"。

还好父母们多少明白个中艰辛，知道在育儿路上不管多难，

也要拽着自己继续前行。

2

但是路在何方呢？

过来人纷纷建议："要让学习成为一件快乐的事情。"

是的，快乐是让人无所不达的通行证。

但各位父母且慢，沉下心来多思考两秒吧。

"学习"和"快乐"是那么容易结合的吗？

"让学习变得快乐"——理想很美好，现实很残酷。

3

不用怀疑，每个孩子天生就有好奇心和求知欲。

小时候，当我学会写第一个字时，我就被满满的成就感淹没了。

那个瞬间，我得意得如同一只首次捕猎成功的小狮子。

我还刻意记住了很多车标和车名，

简单的知识积累也给小小的我带来了长久的开心时刻。

孩子们都喜欢"涨见识"，

所以爱亲近那些让他们好奇的事物。

但这种懵懂质朴的求知欲常常行踪莫辨，很难见于课业学习上。

我当年确实是一个很会学习的孩子，

但并不是一个爱学习的孩子。

4

当年我对学习的态度，岂止是不爱，

用"不胜其烦"来形容都不为过。

在我的世界里，学习和快乐一开始就没有任何关系。

学习只是一项义务，我必须履行而已。

在很长一段时间里，热爱学习都是一件令我匪夷所思的事情。

所以我敬佩那些能与学习"情投意合"的人。

但我心中也疑窦丛生：

"人类，真的能与学习相处到如此黏腻的状态吗？"

我和学习的关系是彼此凉薄，互不待见。

我不爱它，估计它也看不惯我。

对待学习这个事情，我可能一直有点心结。

5

一切在我 30 岁出头时被颠覆了。

过了而立之年，我居然开始体会到学习的愉悦感了。

因为我邂逅了精神分析这门学科，并对它一见倾心，

深陷其中，于是学到废寝忘食，如痴如醉。

我相信，这种枯木逢春式的学习热情很多人都体验过。

但遗憾的是，它总是要等到我们成年后才姗姗来迟。

我们对学习的态度变成了"恨不相逢校园时"，

以及"当初怎么就看走了眼呢"。

6

我接下来的观点可能会劝退一些读者朋友。

但我还是要说：

孩子可以不喜欢学习，也没必要摁着头逼自己享受学习。

从某种意义上说，学习的确是一件既痛苦又无聊的事情，

父母别试图掩盖这个事实。

所幸，不喜欢不等于做不好。

孩子完全可以一边讨厌学习，一边勤奋学习。

其中的原动力就是父母的认可。

孩子心中想的是：如果学习越认真越光荣，那就学吧。

7

我曾经与学习"两看相厌"，但成绩依旧拔尖，

我还考上了日本第一学府东京大学。

讨厌学习的同时成就学习，这背后有什么古怪？

——让孩子学习不能讲感情，而是讲求"动力"与"方法"。

因为我学习好，所以我总相信"'天生我材必有用'，
本少年未来可期"。
我真的不想自己"人设"崩塌，也不想让我的理想硬着陆，
所以我必须在学习上保持优势。
这就成了一种重要的学习动力。
再者，学习是在帮大脑积累解决问题的思路和窍门。
在这个求真求知与向善向上的过程中，我体会到了茅塞顿
开的痛快，以及在考场上下笔如有神的畅快。
学习变得不再那么面目可憎了，
偶尔还能让我有片刻的怦然心动。

8

有些执念可以被放下了，比如：
学习必须变成一件快乐的事，
否则孩子永远无法提高成绩。
孩子可以不喜欢学习，但同时又必须学得好。
正因为他知道自己也能做好不喜欢的事，
所以他才对未来充满了信心，无所畏惧。
未来需要的，
正是这种可以直面一切、征服一切的男孩。

9

进入社会后，

每个人迟早都会遇到一个爱上学习的契机。

从此，他便与学习和解，并沉醉其中，欲罢不能。

但在那之前，父母要怎样帮孩子成为学习的高手呢？

本书的创作目的就在于此。

我将分享实用的家庭教育理念，及其具体的操作方法。

我愿每个孩子不论爱或不爱学习，都能学得进去，且学得出色。

目 录

目 录

第4章
各学科必杀技——方法对了，第一名凭什么不能是我　081

第5章
父母为之计深远   125

父母怎么说，
才能让"慢热男孩"上名校呢

上名校的孩子一定具备强大的自学能力，而成为一个有能力去自学且学得好的男孩，需要满足以下几个条件：

第一个条件是，男孩要明白学习是为了自己，"学得好对自己有好处，学不好是自己的损失"。我们小的时候，大多数男孩也不喜欢学习，读起书来头不疼脚疼的模样与今天的男孩没有差别。唯一不同的是，我们当初很有危机感，几乎人人都懂"不学习就没饭吃"的道理。

那时，我放学回家常听母亲说："一个人小时候不认真学习，长大了肯定是要吃苦的。""学习好的孩子，以后才有好日子过。"

母亲还说，如果一个孩子不学无术，将来被社会抛弃了，那也是他自己的责任。到了那个时候，父母是管不着，也管不了的。

母亲的道理很直白：**孩子不发奋学习，最后伤害的可不是父母，而是自己。**过去的父母，基本上都是这样教育孩子的，只是各家可能会有不同的话术。那个时候，只有学习才能改变人生，是一种刻进父母灵魂深处的信仰。我虽年纪不大，但也从母亲的话里体会到了一种时不我待的紧迫感，小小的我总是乖乖地去学习。

在我小的时候，学习至上的精神理念渗透了生活的方方面面。按理说，少年漫画本应对抗这种理念，但在那个时代，也免不了夹杂几分对"学霸"的推崇之意。比如，漫画《天才傻瓜》的主角是一对天真烂漫的父子，两人傻里傻气，每天的日常就是搞笑，以及产出各种创意流行语。但在这样一部无厘头风格的作品里，作者也依然安排了学霸小初的登场，这个小学霸会让人感叹："脑子还是聪明点才好啊！"

不止《天才傻瓜》这部漫画，当时日本社会的每件事、每个声音都在强调着"学习至上"这个道理。

现在的情况又是怎样的呢？父母还是会时不时地催促一下孩子："你该去学习了！"但也就仅此而已了，没有多少父母会把学习与未来的利害关系跟孩子解释清楚。父母们不把警钟敲响，孩子们便不可能自己悟到"不学习就没有未来"的道理。日本社会的贫富差距愈演愈烈，将来的社会竞争只会越发激烈，更胜今日。一定程度上可以说，父母是有责任将学习的紧迫感传达给孩子的。

自信心与好胜心的激发

慢热男孩要形成强大的自学力，需要的第二个条件是自信心。自信的孩子会在心里对自己说："我是个会学习的人。""考高分并不难。"在学习上取胜，会让孩子产生巨大的自信心。孩子的自信心越强，他就越期待和相信自己能再赢一次。这个良性循环会将孩子一次次地吸引到书桌前，让他如饥似渴地学习。

慢热男孩自学需要的第三个条件是好胜心。我不知道，一个孩子的好胜心是先天注定的，还是后天练就的。但父母对他的影响一定不可忽视。

孩子如果和朋友打了一架，哭哭啼啼地回到家，父母会怎么帮他处理这个问题呢？现在的父母可能会询问打架的原因，接下来和孩子一起探讨怎么修护他与小伙伴的关系。

但当年，我们这代人的父母可要彪悍得多。要是我被朋友打哭，还一路哭回家，我爸妈一定会这样激励我："**在学习上你争点气，给我用分数打回去！**"我从小就在这样的教育氛围中长大，习惯了用成绩打败对手。我变得越来越好强，心里总有个声音在响："不能认输！只有学习才能定胜负！"

孩子当然应该与朋友们友好相处。但同时，父母也需要培养孩子的好胜心，因为竞争是无处不在、不可逃避的。

学习的真正意义

想激发出孩子强大的自学力，最终走进名校，需要满足前面提到的三个条件：一是明白学习是为了自己，二是对自己有信心，三是有强烈的好胜心。而第一个条件是最容易被忽视的。

我始终认为，父母有义务让孩子深刻意识到"现在不好好学习，伤害的是将来的自己"。但这番肺腑之言，却引来了不少批判。有人说："和田教授是想拉大贫富差距吗？"还有人说："和田教授就是要让大家好好学习，都去当医生、律师嘛。说白了，他就是打心底里看不起别的职业呗！"

冤枉啊！我从不认为职业有高低贵贱之分。正因为不学习会加剧贫富差距，所以我才一直呼吁孩子们重视学习。

对孩子来说，最重要的是拥有选择权，是成年后可以自由决定自己的职业发展方向。这是他们当下努力学习的主要意义，即扩大将来的职业选择范围。

第 1 章

激发"慢热男孩"的后劲

小学阶段，与同龄女孩相比，男孩总显得更幼稚、天真、单纯。

他们在学习和运动上表现得很洒脱，或者说稀里糊涂——无所谓输赢，能得过且过就万事大吉。父母却焦虑得心急火燎。但没办法，男孩就是"醒"得晚，还起步慢。

好在当下也不必焦虑，因为男孩一定会"醒"，会起步，我们管这种情况叫作"有后劲"。

父母要不断给自己植入"儿子还在等后劲""他一定能等到后劲"的思想，这是培养男孩的第一要义。

孩子有一天必将腾飞，只是眼下还需要给他一点时间和无限的爱。

历史已经翻篇了，蚍蜉撼不回去的

记得我小时候，日本的学校通常是让男孩出风头。能当上班干部的女孩凤毛麟角。

时代的车轮滚滚驶过，一切终于天翻地覆。现在的校园里，在运动、学习、语言表达等几乎所有领域，女孩是压倒性地赢过男孩。运动会、班会等集体活动，经常默认由女同学来领导统筹，男同学只需要跟随就好。

小学阶段，女孩的存在感远远强于男孩。她们生龙活虎，又成熟懂事。女孩们把校园当作人生的第一方舞台，那敢想敢做、雷厉风行的气势，将男孩们衬托得像一只只散步的蜗牛，他们缓慢而不自知，或能自知但无所谓。

"女性比男性长寿、坚韧"已是老生常谈。她们不仅活得更久，也更抗得住压力。虽然有数据显示，女性患抑郁症的概率其实要高于男性，但能在危急关头保持冷静、挽大厦于将倾的往往还是女性。男性更容易消沉崩溃，遇事常常一蹶不振。男性的自杀率远高于女性，就是一条证据。总体而言，与百折不挠的女性相比，男性是脆而不坚、外厉内荏的。

问题来了，以前的男性是乘到了什么东风？为什么他们能活得那么顺风顺水呢？其实男性在精神上一直就不如女性坚强刚毅，但千百年来的传统思想强行给大家分配了不同的"人设"：男性必须是果敢阳刚的，正所谓"男儿有泪不轻弹"；女性就应该是柔弱谦卑的，言必称"温良恭俭让"。于是每个人被迫走进被给定的角色，男人们不论自己真实斤两如何，装也得装出铁骨铮铮来。

过去的女孩经常被长辈们教训："姑娘家别跟个男孩子似的，收敛收敛！"笑不露齿比才华大展重要，"万般皆是命"比"我命由我不由天"正确。整个社会资源的分配也正大光明地向男性倾斜。但是，这种时代已经一去不返了。没人能蚍蜉撼大树一般，要求这种时代回来。父母们也必须摘掉男性优先的滤镜了，要透彻理解当今新时代的含义。

你必须相信,"慢热男孩"有后劲

儿童时期,输给女孩已是男孩的"宿命",他们能踏踏实实跟在女孩身后尽力追赶,就足以慰藉父母之心了。

如前文所述,此时的男孩们在体质、体能、学习、沟通乃至社交能力等很多方面,都难敌女孩们。非逼男孩们弯道超车,结果只可能是事倍功半,大家组团把南墙撞碎。

其实在婴童时期,女孩的优势就已开始展露。她们开口早,能和父母正常对话;她们心灵手巧又乖巧懂事,总愿意帮父母搭把手。男孩的父母可能多少会叹气抱怨:"孩子怎么就这么难带?愁死人了。""宝贝别再这么幼稚了,好吗?"在有儿有女的家庭里,这种对比就更加"触目惊心"了,父母会经常不由自主地对儿子指责一二。

但这场惨败也只是男孩和女孩在早期的发育差异而已,父母只需明白"儿子开窍晚,现在慢点没关系"的道理就好。男孩其实不是输在了起跑线上,而是压根就懒得起跑。他们的成长模式是"早期漫长的懵懂 + 未来突然的逆袭"。

让慢热晚熟的男孩早开窍

拜能力模式所赐，女孩在学习上遥遥领先的状态将一直持续到高中。这当然又是一条她们在成长路上的优势赛道，是她们按时起跑且一路狂奔的成果。总之，你一定会发现，女孩就是愿意主动坐到书桌前写写画画，无须别人催促就能投入又认真。

微妙的曙光可能在高中数学课上才缓缓升起，很多女孩从这里开始感到吃力了，而男孩终于有了一方可以与女孩一决高下的战场，胜算多了几分。但从大局上看，女孩的领先地位依然难以撼动。

综上所述，男孩的父母在早期是可以大方认输的。大家不妨给自己的标准松松绑："别担心，现在输给女孩不足为奇。"千万不要硬逼儿子在早期就全面超越女孩。接纳了这个安心躺平的理念后，我们再来看下一步要做什么。

此刻的平静等待是为了将来的厚积薄发。静待花开时，最重要的事情就是坚信花一定会开。父母要把"儿子一定有后劲"当成一种信仰。除了自己相信，还得灌输给孩子本人。这是让男孩在前期一路披荆斩棘也比不过女孩，但依然自信满满的秘诀。

父母要常给男孩打气，把"饼"画大点也没关系：

儿子，你的爆发期在后面，现在怎么着都别怕！

咱上小学期间各方面慢点是正常的。女孩醒得早，让她们先跑跑没关系。咱加油就是了，肯定有翻身的时候！

忍住，别说这句话：

"你怎么就学得这么慢！"

出生月份定强弱，这是什么伪科学

很多人心中对养育男孩有一种迷信：出生月份对孩子的优秀程度有决定性影响。只要孩子的出生月份好，孩子就能闭着眼睛在生理和心理上胜过同龄人一头。日本是每年 4 月 1 日开学，所以同一年 4 月和 3 月出生的孩子虽然在生理上只差 1 个月，却分属于两个年级。同一年级的学生也是同理，他们彼此间可能有近 1 岁的年龄差，这在小学阶段可是相当"凶险"的。①

---

①中国是每年 9 月初开学，因此同年 9 月和 8 月出生的孩子也可能面临上述情况。——编者注

按理说一个人的自信程度与其出生月份应该没有关系，但在日本的校园里，出生在 4~6 月的孩子就是比同年级出生月份小的同学看上去更高大，表达也更流利，因此也能有更强的自信心和优越感。孩子从上学第一天起，便能轻松跟上课堂节奏，他当然会觉得自己所向披靡："课堂内容怎么可能会难倒我？""写作业真是小意思！"接下来他自然比其他同学更能学得得心应手。**据说在东京大学，出生于 4~6 月的学生确实占比更高。**

到高考时，孩子们已接近成年了。按理说出生月份带来的抢跑效应早就"威力散尽了"才对，但竟然持续到了大学阶段。也许前些年，这些"生对月份"的孩子就积累了足够多的自信体验，而这些体验为其一生奠定了乐观坚韧的精神基础。

而那些在出生月份上貌似吃了亏的男孩，在小学时就总输给身边的其他孩子。他们的心理世界里时刻阴云密布，冷水会如暴雨般随时倾泻。进入中学后，赛道终于变得公平起来，他们有机会奋起直追、后发制人了。但在学业竞争面前，这颗从小就被冷水浇灌着长大的心灵，早就疲惫不堪了。就算他们此时勉力逆转，多半也是回天无力。他们身边那些从小占尽月份优势的孩子，却能带着"天选之子"般的自信滤镜继续享受竞争带来的快乐和成功。两者之间的差距越来越大，前者的追赶之路越发"难于上青天"。

同年小月份的男孩们既要面对女孩们得天独厚、"一骑绝尘"的优势，又要忍受同龄大月份男孩们的"碾压"，他们腹背受敌，惶惶难安。心理落差之大，思想负担之重，已非儿童能轻易承受和消解的了。这时就需要父母充分理解并接纳儿子在生理上与别人的差距，给孩子打好"强心针"。

儿子，他们比你大了近一岁，超过你根本不算什么本事。但如果你能赢了他们，那你才是真的了不起！

咱月份小，不用急，爆发的时间还在后头呢！

父母可以告诉孩子，他也是雄鹰，只是现在天资未显，所以看着像只笨鸟。那他就不妨先多飞一会儿，为将来练出翱翔天际的翅膀来。我们应尽可能地让孩子去体验成功的快乐，帮他找回并强化那份久违的信心。

不必把目光局限在学业上，我们也可以让孩子试一试运动等领域，广种薄收。只要能让他找到"我也行"的感觉，自信就回来了。具体的操作方法还有很多，我将在第 2 章里详细介绍。

高效话术：

"咱月份小，不用着急，爆发的时间还在后头呢！"

想赢别怕比，怕输换赛道

竞争能促进男孩的心理成长，引导他们悟到主动学习的意义，帮助他们获得抵御诱惑的定力，以及埋头苦读的动力。可惜竞争也是残酷的，它往往输赢两分，容不得人们哭着喊着，用各种"毕竟"和"好歹"之类的说辞去给自己说情。不过，正是这种丁是丁卯是卯的明确与公平，激起了男孩们的好胜心。

每个孩子生来都有求胜的激情，满载一腔澎湃的抱负。毕竟在学习上傲视群雄会让他们极有面子，在运动上大放异彩也可以让他们赢得全场瞩目。这种体验太美好了，所以父母不要想着："孩子万一输了，得多难过、多可怜啊"，就挡在孩子的起跑线前，也不要因为一时的心软把孩子获胜的可能性彻底归零。竞争多少有些残酷，但父母对此也不可持回避的态度：不论孩子在竞争中胜负如何，一律赞叹，没有理由也要夸上两句。他们的孩子当然会迷失目标，生出惰性，丢了激情，不论学习还是运动，一切得过且过即可，反正父母一定会排除万难找到理由来夸自己的。父母否定竞争的重要性，轻视竞争的结果，就是在剥夺孩子的生机与活力。

学习和运动都是一分耕耘一分收获的，努力之后品尝胜利的果实是竞争过程中最大的快乐来源。当然，凡事都有两面性，赢的时候有多得意，输的时候可能就有多失落。

父母不要期待孩子每次都赢，不要为了孩子保持百分之百的胜率，而为其打造出康庄大道般的成长之旅。 其实大丈夫能屈能伸，且三人行必有我师。一路输赢参半中，孩子们是对手也好，队友也罢，都能相互扶持、切磋，如此，每个孩子都能获得螺旋式的进步。

输不一定就是百害而无一利的。它也可以是一种成长，让孩子深切体会失落和不甘，也可以让孩子化激愤为力量，获得继续战斗的勇气。万一真遇到了极少数的极端情况，孩子的确输掉了一场重大比赛，且身心俱疲、万念俱灰，那他也不需要从此就一蹶不振，与竞争划清界限，而只需要稍事休息，妥善调整即可。一旦他的精气神恢复了，他就会即刻回到竞技场上去。

但竞技场不见得非局限在某一领域。此处没有胜算，果断换个项目就好。找到自己能赢的那条赛道，守住它，成就它，就是胜利。

要想孩子赢，父母就要在项目选择上不拘一格，打开眼界，不断尝试。 父母要好好琢磨，选什么项目才能让孩子赢一次。"我比周围人厉害嘛！"——但凡孩子看到了一丝曙光，哪怕只是一瞬，哪怕只有些许，那也是他重塑自信的关键一步。"我能赢"是一种神奇的精神力量，它会帮孩子激发出强大的自信心，并让孩子燃起熊熊斗志，去扩展获胜的领域。

高效话术：

"这件事情你不擅长，不做也罢。咱们换一个项目试试？"

孩子不能当"妈宝"，但妈妈一定要"宝"孩子

一听到"妈宝"，大家的反应就是扶不起的阿斗、饭来张口的懒汉或没有主见的和事佬。但其实"妈宝"也分情况，确实有让人翻白眼的，但也有让人两眼冒光、心生羡慕的。

精神分析学派认为，从小被母亲用爱滋养长大的孩子具有过人的共情能力、更为成熟稳定的性格、更强大的自信心和远大的理想。社会各行各业里不乏"理直气壮"的"妈宝男"，知名导演北野武就是代表之一。

放眼天下，很多国家和民族的兴盛都离不开母亲们在育儿上的孜孜不倦与春风化雨。犹太母亲堪称其中翘楚，她们不会对孩子耳

提面命:"去学习!现在就去!"她们总是不厌其烦地向孩子表达爱,用真诚、关切与激励去养育孩子:"这世界上没有什么财产是绝对属于你的,再有钱的人都可能千金散尽、一朝倾覆。唯有聪明的头脑与满腹的才华才能让你拥有金饭碗。"

犹太人的祖先体验过国破家亡的颠沛流离、四面楚歌的压迫欺凌。他们心中铭刻着一条信念,它照亮着这条艰辛的复兴之路:"金银财宝都是身外之物,守不住。唯有知识,才是别人抢不走的财富。"

精神分析学派的先驱弗洛伊德就成长在这样一个典型的犹太家庭里。母亲对他倾注了无条件且无限的爱,弗洛伊德因此变得聪慧又勤奋,七八岁时便能精读莎士比亚的大部头著作,后来以优异的成绩毕业于维也纳大学医学院。

美国的经济、科研、文化等各个领域都有犹太人活跃的身影。所以妈妈们大可向男孩全力倾注爱与关怀,为他们的自信添砖加瓦,不要惶恐于"孩子会不会被宠坏"。**我和弟弟在成长中都体验过无微不至的母爱,对母爱有着深刻、立体的记忆。**

身后有母亲温暖的呵护、关切的目光,男孩心中才能生出炽烈的激情,并立志用功成名遂回馈母亲。这种孝心或者说斗志,会助推孩子披荆斩棘地奔向光明,乘风破浪地建功立业。

忍住，别说这句话：

"别什么事都来找妈妈。这回
自己摆平它！"

"慢热男孩"也能试出好方法

"佐藤妈妈"名叫佐藤亮子，她创造了令大众惊叹不已的育儿
奇迹——三个儿子都考入了东京大学医学部（高考科目为理科第三
类，难度极高）。2017年春，她的大女儿也一举考入同校同专业，
再次引起了大家的关注。

我有幸与佐藤女士当面交流过。她对孩子学习的重视给我留下
了深刻的印象。在她眼中，帮助孩子找到适合的学习方法、提升学
习成绩是一件功在当代、利在千秋的伟大事业。

佐藤妈妈曾说："升学备考时，孩子别浪费时间去谈恋爱。"结
果这句话捅了马蜂窝，一时间批判的声音从四面八方呼啸而来。有

人叱责她:"你就是在虐待孩子,且虐人于无形!"

佐藤妈妈让孩子专注于学习就是在虐待孩子吗?我不同意。**家长不应视学习的压力为洪水猛兽,不能以心疼为由任由孩子待在舒适区,纵容他们以各种理由来逃避学习。**如果家长因为孩子成绩不理想,就怒骂甚至殴打孩子,那当然是无可争议的虐待行为。但施暴的是家长,学习本身又何错之有?

佐藤妈妈的探索精神与试错能力也让我深感敬佩。她读过很多介绍学习方法的书,其中包括我的作品。博览群书后,她让孩子广泛尝试书中的方法与理论,又在实践的过程中随时调整,大胆放弃,直到每个孩子都找到适合自己的学习方法。

很多人以为佐藤妈妈找到了一套有关学习的独门秘籍,然后一招鲜吃遍天,给孩子们都打通了"任督二脉"。事实上,"找到捷径,然后一步登天"只能是幻想,佐藤妈妈的经历远没这么简单。

每个孩子的脾性不同,男女之间还有性别差异。比如,她家大女儿就能在洗澡后"独享"妈妈40分钟,让妈妈给自己答疑解惑,因为这正好是妈妈帮她吹头发的时间。

佐藤妈妈对我非常友好,她对我说:"和田老师的书让我深受启发。"不过,在实际操作时她又非常有原则:一切以效果为准绳。但凡某种学习方法的效果不好,哪怕是我推荐的,她也一定会果断放弃。

切记，适合孩子的学习方法是在持续试错中被逐渐摸索出来的。父母不要拘泥于某种方法。当孩子遇到学习的瓶颈时，父母要坚信："我家孩子可聪明着呢！""肯定是眼下这种方法有问题，换一种对的就好了！"只有父母对孩子秉持着这种无条件的信任，以及万般挫折都打不垮的信念，才能辅助并引导孩子找到新思路和新方向，让他们继续前行。久而久之，孩子一定会找到可以获胜的领域，尝到成功的喜悦。这种逆袭体验就像一把金钥匙，能为孩子打开学习殿堂的大门，激励他主动学习。

高效话术：

"你当然是个聪明的孩子！"

习惯的力量

小学的很多学习其实都依靠大量的重复练习。反复练习能让九九乘法口诀表如斧凿一般深深刻在脑中，让汉字的书写变成一种肌肉记忆。

第 1 章
激发 "慢热男孩" 的后劲

孩子进入小学后，应养成每天至少学习 15 分钟的习惯。习惯的养成宜早不宜晚，早期形成的好习惯更加稳固和持久。

我常把学习比作刷牙，两者之间异曲同工。小时候初学刷牙时，孩子难免厌烦抗拒。当孩子不太情愿却长久地坚持下来后，他们就能迎来"不刷不舒服"的神奇体验。久而久之，刷牙便成了一种享受。

洗澡也是一样。人一旦习惯了每天洗澡，哪天不洗就会感觉浑身黏腻。以此类推，**学习也应该成为一种享受，如果一天不学习，心里便会发虚，脑子里的"小人"会辗转反侧、坐卧难安。**

刚开始刷牙时，孩子离不开父母的帮助，所以刚开始养成学习的习惯时，他们也需要父母的指导。在指导的过程中，父母可以渐渐引导孩子形成"人一天不学习就浑身不自在"的理念。

此时父母不用纠结于孩子学习质量的高低，以及对学习的内容是否理解到位，就像孩子初学刷牙和洗澡时，我们不能苛求效率和效果一样。当孩子刚养成学习的习惯时，哪怕只有一星半点进展，那也值得一声欢呼和一番表扬。

男孩都是情绪动物。帮他们养成习惯时，父母要会巧妙地"助推"。比如，当低年级的孩子学会写高年级的汉字，或能解高年级的算术题时，父母最好一脸崇拜地夸奖他："**太神奇了！你才一年**

级，就搞得懂三年级的题目，这说出去都没人敢信！"于是孩子脸上写满了得意，一个声音在他心中铿锵作响："我是天才吧！"那就对了，我们要的就是这种让孩子自豪到酣畅淋漓、无所畏惧的感觉。

我很推荐让孩子进行百格板计算训练（详见本书 98 页）。即使孩子前一天用了 1 分 11 秒，今天只是进步到了 1 分 8 秒，这也值得庆贺。因为它能让孩子精准量化并深刻感受到自己计算能力的提升。凡事都是聚沙成塔且熟能生巧的，缓慢但持续的进步定会一步一个脚印地提高孩子的学习能力，激发他们学习的热情。

百格板计算再神奇，也不过是无数种训练方法中的一种而已。万一孩子在这里找不到感觉，始终提不起速度，那父母就应果断放弃它，换一种方法。一种合适的方法一定能精准匹配孩子的实际水平，逐步提高他某方面的能力。慢热男孩需要的就是这种因材施教、静待花开式的教育，这会允许他们放慢速度，卸下压力，推动他们用坚定和自信的步伐踏踏实实走好每一段路，帮他们养成真正有效又牢不可破的学习习惯。这才是最有意义的训练。

高效话术：

"人要是一天不学习啊，就浑身没劲儿，对不对？"

第 2 章

让 "慢热男孩" 主动拿起书

没有一直慢热的男孩，只有还在寻找自信的男孩。自信从何而来？它来自一种强大的直觉："我肯定能赢。"

能在学习上找到自信男孩，都从心底里相信："我当然可以学得好。"他们需要大量的成功体验，需要不断听到自己内心满满的成就感在高呼："我成功了！"

他们对待学习的态度应该如同英雄对待这个世界的态度，充满了热爱和肯定："我爱学习。我成绩这么好，真是太帅了！"父母要持续为男孩灌输一种正向信念，让孩子相信学习是一件意义非凡的事情。

父母不要酸溜溜地去否定或讽刺学习好的孩子："那些孩子成绩越好，性格就越糟。高分低能嘛，你懂的。"

本章要讨论的是父母如何帮助男孩培养强大的自信心，让孩子开始自觉学习。

注意力不集中就学不好吗

有一个问题是很多男孩妈妈的痛点：“这孩子就是静不下心来学习！”此话不假，没有几个男孩天生能够平心静气，想集中注意力便能全神贯注。

我当初也是个坐不住的孩子，在书桌前只有三分钟热度。但我不是因为想逃避学习，才懒懒散散地磨洋工，我只是需要走来走去，在移动中保持思考的状态。这种不同寻常的学习方式会让我灵感如泉涌，也让我对学习内容的记忆更加牢固。

看着男孩散漫或好动的样子，很多父母总是愁到百爪挠心，忍不住想通过怒吼，来提升孩子的注意力。不过，学习的科目又不是只有一门，语文学腻了换数学，数学也学腻了就换其他科目……及时转换科目，不断给孩子的大脑"投喂"新鲜的挑战和刺激，是一个对抗注意力欠缺的好方法。

享誉世界的发明家爱迪生就有注意缺陷多动障碍（ADHD[①]）倾向，据说他小时候做任何事情最多只能集中三分钟的注意力。大部分父母可能会放弃这类孩子的学习，不过爱迪生的妈妈南希却有不同的做法，**她好好利用了这宝贵的三分钟，给他读书、讲解知识**。只要过了三分钟，爱迪生便开始躁动，起身四处走动。南希从不在这个时候训斥儿子，她只是静静等待下一个三分钟的到来，等儿子回到自己身边，母子俩又开始了新一轮的"三分钟课堂"。课堂的主题可能更换，但妈妈的爱心与耐心永远都在……爱迪生慢慢成长为一个博学多识的聪明孩子。除了注意力欠缺以外，爱迪生的性格也比较敏感，与人交流时容易急躁。乔布斯也是这样一种脾性。但他们都给世界留下了浓墨重彩的伟大"作品"。

当孩子的注意力欠缺时，父母就不要再纠结于一个个"为什么"与"凭什么"了，找到最适合孩子的学习节奏与方法才是正解。

---

① ADHD：俗称多动症，发生于儿童时期，与同龄儿童相比，以明显注意集中困难、注意持续时间短暂、活动过度或冲击为特征的一组综合征。——编者注

忍住，别说这句话：

"你这么毛毛躁躁，是真的没救了！"

自己给自己的肯定，就是最大的底气

自信是孩子的必需品，它意味着孩子是完全接纳与相信自己的。自信对男孩和女孩来说，都不可或缺，是他们披荆斩棘的底气。

人生沉浮中，每个人都需要这股底气。只要一个人能对自己说"目标在，我就不会放弃，所有的成功都需要坚持到底"或"再难我都不怕，终点必将抵达"，他就能获得追逐梦想的力量。

而那些对自己的能力充满怀疑，遇到挫折便退缩的男孩，就会有这样的问题：即使他们的身体里蕴藏着强大的力量，他们的内心也感知不到。结果就是事难成、愿难遂。

帮助男孩培养自信心的最佳方法就是让他们找到自己的优势项目，体验成功的感觉。每个男孩心中都有一个英雄梦，战胜困难，打倒敌人，是他们刻在灵魂深处的理想。

男孩需要一个所向披靡、无坚不摧的主场。有了这样一方屡战屡胜的天地，他就有了底气与信心，就敢拼敢闯、无所畏惧："在这个领域或项目里，没人能和我比。胜利只能属于我！"

健康的"自我肯定感"不是妄自尊大，而是生命的源动力、成长的加速器。

父母首先要做的是观察和探索，去发现最适合孩子脾性与喜好的项目，去尝试找到他可能获胜的领域。有些男孩对汉字很敏感，写得又快又好；有些男孩计算能力很强，算得又快又准。此外，游泳、象棋等项目也可以让孩子展示其特长。

任何项目只要能让孩子专注投入，并切实地品尝到胜利的果实，它就是一个好项目。压倒性的胜利更能激发孩子的信心。如果孩子奋斗了许久，才能在跑步比赛中从第六名进步到第五名，那么激励的效果多半会大打折扣。

当孩子真真切切地获得了一次胜利时，他就会从心底里生出强大的自我肯定感。对小学低年级的男孩来说，"第一名""最快""最强"等词语是有魔力的，能激发出他们的好胜心与自信心。

我们要支持孩子在广阔天地中找到属于他的战场，给他一方享受竞争、品尝胜利果实的舞台。在日常生活中，**父母也要做好表率，无畏竞争**，不要轻易屈服于压力。

在孩子还没有形成好胜心之前，父母可以有意无意地引导他们拥抱竞争，比如："今天你是全家起得最早的人！"或"在今天所有的小朋友中，你是第一个收拾好东西出来的！"这些真诚的夸奖可以让孩子知道：获胜是一件美好的事情。

高效话术：

"今天，你是全家起得最早的人！"

弟弟的传奇：一腔孤勇上名校

我有一位传奇的母亲，她给我们兄弟俩注入了强大的自信心。

对我们兄弟俩，母亲总是极力"吹捧"。她常常一脸坚定地告诉我们："你俩的基因简直太完美了，脑子也聪明到人类的上限了！你们要知道，咱们祖上可尽是能人豪杰。"

为了给我们鼓劲，母亲把好几位先祖都包装成了学霸和伟人。

我家祖上到底出过多少风云人物其实是个谜。在那些给我们兄弟俩带来了"人类上限"基因的先祖中，我猜至少有一半来自母亲的编排，来自她对孩子的爱与期待。

在母亲锲而不舍的"洗脑"下，有一个人真的相信了母亲的话。这个单纯又幸运的人就是我弟弟，他真的信了母亲说的这些"大话"。

继我之后，弟弟也在小升初时向滩中学发起了进攻，但抱憾而归。最终弟弟只进了一所一般的初中，然后在那里直升高中。那所高中常年与东京大学无缘，弟弟若志在东京大学，肯定毫无胜算。因为即使在那所普通学校里，他也不是"鸡头"。但弟弟从来没有认命。有一天，他对我说："我也想考东京大学。哥，你教教我怎么学吧！"

弟弟要考东京大学？我整个人怔住了，仿佛看到一条鱼想学爬树。弟弟没被我的惊诧击倒，他坚信：如果哥哥把正确的学习方法教给了自己，那么自己也一定能考上东京大学。毕竟哥哥既考上了滩中学，又考上了东京大学。

我们虽是同一父母所生，但我当年总觉得弟弟天资不够，他要考东京大学的这种孤勇也太蚍蜉撼树了些。但我毕竟是哥哥，我还是应弟弟要求，好好地整理了滩中学的学习方法，并悉心传授给了他。没想到弟弟爆出冷门，他一举通过了文科一类的高考，成功被东京大学录取！这件事情也给了我很大震动："备考不需要天资多高，只看方法是否得当。"继而我开始系统总结备考的方法和技巧，还出版了备考类图书，办了升学补习班。

弟弟的故事就是一个普通男孩逆袭的典范。**男孩心中都有一腔孤勇。激发出他们的这腔孤勇，就能让他们砥砺前行，击倒南墙。这不仅有助于他们在学习上百折不挠，更能帮助他们在未来漫长的一生中披荆斩棘、勇往直前。**

即使你们夫妻俩和孩子的祖父辈中都没有高学历的人，即使你们只是普通学历人家，即使你们连个有名的近亲都没有，那也无妨。你还可以看看远亲，只要你能找到一个勉强算得上亲戚的名人，你就可以往他身上 "蹭基因"，告诉孩子："你看你看，咱家可不得了，某某可是个大人物，你们的基因好极了！天生奇才啊！"

高效话术：

"放心！你是学霸家族的孩子，学习上不可能有问题！"

爱孩子，无须以优秀为前提

一个自信的孩子身后肯定有一个或一对无条件爱他的家长。很多人认为父母爱孩子是一种本能，父母天生就是无条件地爱着孩子的。**但现实是，有太多父母在无意间给爱列出了太多条件，立下了太多规矩。**

我们设想有这样一对兄弟，哥哥长相出众，嘴甜性格好，周围人都很关注他。弟弟天生相貌平平，性格木讷嘴又笨，在运动方面也没有亮眼之处。可是哥哥渐渐在众星拱月中迷失了自我，变得骄傲懒散、不思进取，没有考上重点中学。弟弟却在学习上勤奋努力，考上了重点中学。

第 2 章
让"慢热男孩"主动拿起书

周围风向瞬间大变，原本属于哥哥的关注全都转投给了弟弟。弟弟不免心想："大家对我好，是因为我考进了重点中学。"弟弟的失落与不安是情有可原的，他从未体会过无条件的接纳与爱，他认为别人只看到他取得了好成绩。弟弟自然便会相信："我得到的爱都是有条件的，别人爱我是需要理由的。"长大后的他也会沿着这个逻辑继续相信："人们喜欢我，一定是因为我在知名大公司里工作。"这多么悲哀。

但如果孩子能沐浴在无条件的爱里，情况就会大不相同。父母说："该去学习了哦！"孩子就能欣然走向书桌，甚至心中还有隐隐的激动与振奋，因为父母的督促象征着期望、信任与爱："妈妈关心我，才会提醒我去学习。"

"考不上东京大学我就完了"和"爸爸妈妈爱我，如果我能考上东京大学，那我的人生就更幸福啦"是两种截然不同的心境。这两种心境的孩子的抗压能力与竞争潜力相去甚远——后者更加坚韧不拔，能走得更远、更从容。

所以父母不要威胁孩子，不要把"学不好的话，你就一无是处"挂在嘴边。成绩和容貌都不应该成为爱的前提，父母对孩子的爱就应该是无条件的。日常生活中，我们可以通过点滴细节和言语表达让孩子体会到父母浓烈的爱。

高效话术：

> "不管发生什么事情，爸爸妈妈永远站在你这一边。"

轻蔑是一把刀

天底下的父母都明白学习的重要性，希望孩子能懂父母的一片苦心，所以才会忍不住地唠叨孩子："一定要好好学习啊""学习可不能放松啊"。

但父母在督促孩子学习时也是前怕狼后怕虎的：如果我们唠叨得太过了，孩子逆反怎么办？他会不会干脆就不学了？

这种担忧真不是多余的，因为有的孩子真的会在日复一日的催促和唠叨中崩溃受伤、彻底弃学。但是真正让孩子崩溃的并不是这一两句唠叨，而是父母与孩子的沟通在本质上出了问题。

第 2 章
让"慢热男孩"主动拿起书

"学习要抓紧""该去看书了"等唠叨再讨人嫌，它们带给孩子的伤害也不致命，真正给孩子心灵以暴击的是更深层次的问题，是触动心灵本质的问题。孩子没能在日常生活中感受到爱，或没能和父母进行有效沟通。

更恶劣的情况是，父母给孩子传递了一种轻蔑的态度，一种"你不行"或"你没希望了"的绝望感。**孩子的眼睛是雪亮的，他们很在乎父母的态度，能敏锐地感受到父母对自己的评价。**被任何人看轻都是一种痛苦的体验，而被自己的至亲看轻会让他们痛上加痛，如坠万丈深渊。

我小时候常被母亲耳提面命："不好好学习的话，你就没有前途了。"恐怕那个年代的父母基本上都是用这种话术在教训和激励孩子们，但我们这代人却鲜有心灵创伤。这背后最大的原因就在于父母对我们的信任与看好，他们的督促与命令的背后是坚定的支持："你很优秀，你一定会成功！"

同样一句"赶紧学习去"，如果父母的语气和神态传递出的信息是："你怎么能这么失败，还好意思不去学习？"那孩子会有何感受？但如果父母传递出的信息是："你是个很棒的小孩，去努力争取成功吧！"那孩子又是什么感受？两者之间必然有天壤之别。

如果孩子能在三餐四季中感受到父母深沉的爱，能完全理解当下的刻苦学习是为了赢得今后的幸福，那么父母的唠叨就不会让他感到恐惧或消沉。只要我们的出发点是善意的，向孩子释放出了爱与信任，我们便可催促孩子："学习的时间到了哦！"

高效话术：

"快去学习吧，你肯定能学得很好！"

学习是一件很酷的事情

让慢热男孩爱上学习并主动学习，还离不开一个重要的认知："成绩好、脑子聪明才是真的帅！"

我自己从小就在运动方面一无是处，于是便早早地把目光和精力都放在了学习上，天天都要给自己打气："学习好才是真的厉害，分数高才是真的帅。"

我的情况肯定和其他孩子不一样,但让孩子相信"学习好才是真的帅"很重要。

一些犯了错误的日本官员毕业于东京大学。每每看到他们犯事落马,有些父母就会一脸不屑地跟孩子说:"看看,这帮东京大学的人还是不行啊。瞧他们那个没出息的样子!""他们光会读书,不懂做人,这下遭报应了吧!"

但同样也是这帮父母,他们在孩子考试没发挥好时又痛心疾首地大吼:"好好学啊!你给我用点心啊!"这样的双重标准,让孩子如何不困惑?

父母再看不起那些犯了错误的东京大学毕业生,也别当着孩子的面吐槽或蔑视他们。非要说的话,也应该以正面的态度表达:"这种坏人当然是有的。不过,他们所做的坏事能被揭露,也正说明了大部分东京大学的毕业生是为国为民、勤勤恳恳、有所作为的,对不对?"

不要小看日常交流,父母无意间的情感表达会对孩子的价值观产生巨大的影响。

希望孩子主动学习,我们就要为孩子树立正确正向的学习观,在生活中时刻注意我们传递给孩子的信息与态度。

忍住，别说这句话：

"东京大学的毕业生也不怎么样，他们当中的败类可不少。"

老师也不是绝对的权威

竞技体育里，教练和运动员是合作关系。前者给予技术指导，后者追求比赛成果。

运动员获胜，就能收获奖牌与鲜花；运动员落败，则要向教练问责，毕竟这与教练的指导不力脱不了干系。教练如果实在让人失望，哪怕正在赛季中也可能被炒鱿鱼。社会规则很残酷，大家都需要凭实力说话。

教练的专业性必须体现在其教学成果上，这简直天经地义。但当这个道理被放到学校老师身上时，突然就行不通了。

第 2 章
让"慢热男孩"主动拿起书

老师是个庞大的群体，他们各有长短，教学方式不尽相同，教学水平也高低不同。有些老师视野开阔、腹有诗书，但在教学时却像茶壶里煮饺子，一肚子本事就是倒不出来；有些老师出题组卷能力超群；还有些老师擅长抽丝剥茧地分析和解答问题；当然也有些老师的教学水平确实有待提升。

不过我们很少听到关于学校老师的负面评价，较少听说哪位老师教学水平不太行。

残酷的是，确实有太多老师入错了行，他们做起工作来可能会力不从心。他们不恰当的教学方法打击了孩子的学习热情，有限的教学能力埋没了孩子的学习潜能。

当孩子在课堂上吸收不到知识，甚至跟不上教学进度时，父母就必须伸出援手了。有些父母不仅不帮孩子调整学习状态，还会落井下石："你就是脑子太笨了才学不会的。"而我们应该说的其实正好相反：**"不是你学不好，而是老师的教学方法不适合你。"**

父母应该耐心地给孩子讲解课堂知识，如果孩子听不懂，父母更要不厌其烦地讲解，直至帮孩子找到正确的学习方法。

当孩子发现"方法对了我也能学好"时，他才能真的相信父母说的话："不是你脑子笨，而是老师的教学方法不适合你。"实践出真知，正确的解题思路和教学方法都需要让孩子切实尝到甜头，如此他才能记得住且用得来。父母要仔细观察并耐心引导，帮孩子击破各个问题。当孩子在课堂上被"百般折磨"时，他们最需要的就是父母的"全方位呵护"了。

高效话术：

"老师的教学方法可能不适合你，这不是你的错。"

世上无难事，只怕没梦想

我考上滩中学后，一度散漫起来，无心学习。一切只因为在我小升初备考时，我的老师常常说："如果你们能考上滩中学，那东京大学就是手到擒来。过了这一关，咱们以后就可以高枕无忧啦！"

考入滩中学反而成了我懈怠和懒散的起点，那股曾经让我头悬

梁锥刺股的劲散了，我的人生失去了支点和目标。

一切在我高中二年级时迎来了重大转机，我再次找到了人生的理想——我要当导演，拍大片。这个梦想不是当时的我触手可及的，自主创作和拍摄需要庞大的资金。为了给导演梦铺路，我必须先找到一份高薪又自由的工作。

几番斟酌后，我有了一个 "动机不纯" 但非常迫切的职业选择——成为一名医生。这是一条通往理想的路，一条能满足我的需求的路。

医生能成为我的第一职业志愿也少不了母亲的影响，她时常对我说："当医生或律师都很厉害，你加油啊！"母亲倒不是对这两个职业有多大的执念，而是我的情商着实太低，她只是担心我今后无法立足而已："你只有掌握一门专业技能，拿到一个高知行业的资格证书，才能凭本事活下去！否则你这种性格是没法在竞争激烈的公司里生存下去的。"

于是我确定了自己的第一目标：东京大学医学部。那时我的成绩一塌糊涂。一开始，我都不知道该从何学起，但在不断尝试后，我终于给自己打造出了一套高效又系统的学习方法。后来，我创造的 "和田式备考学习法" 就脱胎于此，其中就有 "背诵答案法" 等代表性方法。因为这套学习方法是亲手为自己打造的，所以它完全匹配我的学习水平与需求，效果出奇地好。我的成绩开始突飞猛进，自信心也稳步上升。

有了目标，我们才能找到通往目标之路，进而获得学习的决心与动力，在学习和模考中找准方向和节奏。另外，我还收获了一个意外之喜——成绩的提高还改善了我的人际关系，周围的同学渐渐地不再取笑和疏远我。

目标的功效是如此立竿见影，它能让孩子触底反弹，迈向远方，向目标冲刺。而在旁人看来，孩子似乎换了心、改了性格，亲手雕琢出了一个崭新的自己。

如果孩子找到了自己的目标，哪怕是暂时的，请你一定要温柔呵护，坚定支持。如果孩子不知道自己想做的是什么，你可以旁敲侧击，分享你的想法，比如："医生能救死扶伤，酷不酷？"不过最终的选择权还是应该在孩子手里，这一点切不可忘。

高效话术：

"医生能救死扶伤，酷不酷？"

考东京大学比打棒球容易

很多事情乍一看很荒唐，但运用概率论分析后，说不定能让人豁然开朗。概率论能让父母把很多现实问题分析透彻，在育儿上有奇效。

比如本篇题目"考东京大学比打棒球容易"。这里的"打棒球"是指行业顶级赛事，即打职业棒球比赛，否则它无法与考东京大学的难度相提并论。那么对孩子来说，哪件事更容易做到呢？这两件事都太难做到了，我们身边怕是很少有实例能给我们现身说法。不过看看数据，**东京大学每年录取大约 3 100 名新生**，但职业棒球的选秀大会每年只能释出约 90 个名额。单从概率上看，考东京大学的胜算比打职业棒球的胜算高出了不止 30 倍。

在日本的高考科目中，理科第三类是公认的最难科目类别。通过这个类别进入东京大学的学生人数，与职业棒球选秀大会的胜出者人数很接近。在这两类高手中，我们可以再次进行概率分析，去比一比他们将来的发展情况。

在那 90 个有幸进入职业棒球队的运动员中，能持续打下去的一般也仅有 10 人左右。剩下的 80 人将在几年后被陆续淘汰出局，不得不转行，这真是令人唏嘘。那么那 10 个能把棒球打到退休的人就很幸运了吗？见仁见智。他们的隐退年龄通常在 40 岁左右，之后如果不想离开棒球行业，也只能去当比赛解说员或教练了，而且能获此类资格的名额也仅有 2~3 个。

通过理科第三类高考进入东京大学的同学们又是什么情况呢？他们可能从东京大学医学部毕了业，当了医生。他们不会大富大贵，但也不会穷困潦倒、走投无路。而且他们即使到了 40 岁，也正值壮年，是行业里不可或缺的顶梁柱。别说早早退休，哪怕再干上 40 年，到了 80 岁，他们也是德高望重的老专家。毕竟医生越老越吃香，是无惧年龄压力的。

孩子有时候可能会钻牛角尖，拿特例当挡箭牌："大学学历不重要。田中角荣只念了小学，不也一路走到了首相的位置？"此时就又轮到概率论上场迎战了。

父母可以让孩子思考："在当上首相的人中，是小学学历的多，还是东京大学毕业的多呢？""总体而言，学历和职业机遇之间还是呈显著的正比关系的，没错吧？"

在过去那个爆发式发展的时代，学历仿佛真的不重要，所有年轻人都有大把的机会去选择职业，能享受充裕富足的生活。但日本社会早已今非昔比，眼下资源和机会非常少，任何行业竞争都面临零和游戏的残酷现实：一人胜出，就意味着他踩过了 99 个对手的头顶。孩子现在不好好学习，就等于用未来的失败与痛苦买单。当然，现实再残酷，父母要做的也只能是如实地描述，有理有据地分析，让孩子清楚社会现实，而不是越俎代庖，帮他下决断。但我们不要放任孩子耍嘴皮子，让他们用歪理和个例掩盖懒惰或嚣张。

高效话术：

“考上东京大学和成为职业棒球运动员，哪个更难？”

揠苗助长揠不出好性格

有些妈妈常在孩子的成绩和性格之间为难："一门心思学习当然好，但他的性格会不会出问题？"的确，成绩好的孩子容易被人说："光会读书有什么用？性格差劲也不行。"听归听，但我们千万不可为了让孩子养成所谓的好性格，就纵容他们放弃学习。

我当年观察过身边的同学，初中时很多同学还很粗放、天真或自我，他们的品性难说有多好。但大家在高中时期就开始逐渐转型，变得踏实正直起来了。在大众眼中，滩中学的学子形象堪忧。舆论中的我们是"一群为了分数对同学毫不留情的考试怪物，自己跑不动，也要拖着对手"。但事实完全相反。

我们不仅不会给同学使绊子，还极其团结，总是主动分享信息、学习方法和知识资源。我们很懂"众人拾柴火焰高"的道理：与其远离集体独自努力，不如与同学们合作，大家共同进步。合作对每个同学都有利，能让大家都离东京大学更近一步。

所以，**父母无须在孩子年幼时便要求他成为一个完人。**如果孩子从小便被父母警告："你要跟每个人都好好相处，不许同别人发生任何矛盾！""别招惹朋友，一定要让所有人都喜欢你。"那孩子一定会压力重重。养成"好性格"对他来说是一个必须追求而又很难实现的目标，只会徒增压力和苦恼。

久而久之，情商和幸福指数成绝对的正比关系，在这样的好孩子心中，性格不好一辈子就完了……瞻前顾后的结果是伪装和讨好，孩子会习惯看他人的脸色，解读他人的情绪，活得憋屈极了。

表面上看，这样的孩子或许八面玲珑，但他们的内心深处千疮百孔，充满负面情绪。他们永远在扮演一个善良随和的角色，从不敢有话直说、以诚待人，因此别人也不会对他们直言不讳与真诚相待。渐渐地，他们的整个世界都变得虚浮和空洞，他们失去了朋友，更迷失了自我。

　　成长不是一条笔直的大路，过程中既有起伏也有蜿蜒。某个阶段里，孩子会天真鲁莽；某个阶段里，孩子会傲慢嚣张……这些都是孩子成长路上的自然表现，不是问题，不足为惧。孩子用本真的心去触碰这个世界，获得或痛或爽的真实感受，在现实世界的你来我往中学习如何与周围人相处。父母不要再对孩子的性格提无谓的要求了，不要再担心未来的他们会不会埋怨自己了。父母此时真正需要做的是保护好孩子的童心，激发出他们的好奇心与探索欲，全力以赴地陪伴他们欣赏和融入这个世界。

　　忍住，别说这句话：

"你可不能得罪朋友，绝对不能让朋友讨厌你啊！"

成长是一场和自己的酣畅淋漓的告别

　　很多人认为，孩子就该幼稚懵懂，不能少年老成。这种观念对育儿来说危害极大。孩子就是要成长蜕变，甚至重生的。如果父母要的是一个永远乖巧的小宝宝，那他们无异于放弃了自己的教养天职。

前文说过，我们不可揠苗助长，要尊重孩子的成长节奏。这也意味着支持孩子自发的跃进与探索。当孩子自愿尝试更难的题目、挑战更难的任务时，我们不要泼凉水："真是不自量力，赶紧给我住手！"父母的支持能让孩子更加勇敢，我们可以鼓励他："你真厉害！""你已经达到六年级的水平了！"

我是个早熟型的孩子，小学三四年级时便已经看不下去《假面骑士》之类的特效动画片了。进入小升初备考阶段后，我越发觉得自己和同龄人之间有代沟，跟成年人反而更亲近。

孩子心中都有个快快长大的欲望，他们期盼自己比同龄人更成熟，能做到超越自己年龄的事，能早日像大人那样思考和表达，这是一种重要的成长动力。父母对这种动力的接纳和鼓舞，能促进孩子努力学习、自主学习。

当我不再喜欢看电视时，注意力便自然转向了升学备考。孩子主动放弃已经形成的习惯或爱好，就意味着成长。不断成长会成就一个生命的蜕变。孩子靠近和模仿大人，可以让那些曾经令他们望而却步的事情变得有路可达，让他们心中的热情有了奔赴的方向。

如果男孩想要读一些比自己实际理解水平更高、内容更难的书，父母不要说："不怕撑着啊？这哪儿是你读得懂的？"难不难和读不读都应该由孩子自己去判断，父母不能越俎代庖。

有些孩子在课堂内外的发展速度可能是失衡的。他们在学习上非常自觉，能超前学习一到两年的内容，但打开电视后却专爱看幼龄宝宝爱看的节目。父母不要焦虑，只要着眼在孩子的长处，看到他有超前的学习能力，助他进一步夯实学习上的优势就好。最怕父母只看到孩子的不足，又不知道如何帮助孩子提升优势，最后纠结犹豫，什么问题都处理不好。

高效话术：

"我是真佩服！你已经达到六年级学生的水平了。"

凭什么运动和学习不能两全

与女孩相比，男孩发育的确会晚一步。父母最好早早动手，帮助慢热晚熟的男孩们去寻找优势项目。

不过有一点要格外注意——永远不能放松学习。

即使孩子在运动方面天赋异禀，我们也不能只重视他的运动项目，而忽视学习。运动和学习不是二选一的关系，体育方面表现出众的孩子大概率在学习上也没问题。人类大脑皮质的发育水平影响着我们的理解能力和学习效率，而大脑皮质也和人类的运动能力紧密挂钩，所以运动和学习本来就是一根藤上的两个瓜。

父母可以告诉孩子："你运动能力强，说明大脑发育得不错，那你肯定也有学习的天分。既会运动又会学习，真是太酷了！"

日本人总认为：**学习和运动不能两全**。这种迷思让人们看到成绩好、运动也厉害的人时，便忍不住高看两眼并赞叹人家"文武双全"。这一切源于日本的升学制度，体育特长生招生制度的存在让那些擅长运动的孩子相信："反正搞好体育就能升入好学校，学习成绩不重要。"

体育生们靠特长就能被保送入学，免受升学考试之苦，所以哪怕他们的成绩表上一片惨淡，他们也没有动力埋头苦读。

我总是希望举办一次普通学生版的东京六大棒球联赛①，或者

---

① 日本东京都六所知名大学共同举办的学生棒球联赛。——译者注

把普通学生和体育生分开，让他们分别举行棒球联赛。如果早稻田大学、明治大学、法政大学等一直靠体育生撑起棒球联赛的学校能派出普通学生来应战，我相信东京大学也会一改往昔形象，让大家知道成绩好的孩子体育水平也不差，只是之前的比赛制度太不公平了。总之，我希望诸位父母相信，运动和学习不是必须二选一的。

父母不要为了学习就去打压孩子的运动热情，两者是可以两全的。且当孩子能同时做好这两件事情时，他们心中就会涌起强大的自信："我真的是做啥都行啊！"有了强大的自我肯定感，孩子便会越拼越勇、越战越强。

高效话术：

"我儿子太棒了，什么事情都能做成！"

学习是所有"慢热男孩"的特长

学习和运动并不矛盾，两者完全可以兼顾。但父母在具体操作上还是应从实际出发，无须勉为其难地追求这种漂亮的"两全"。

当年我在运动方面一无是处，体育留给我的是长久的心结与创伤。世界上的确会有像我这样全身上下找不到几个运动细胞的孩子。对于这样的孩子，父母不要缘木求鱼，找到一个让孩子能赢的领域更重要。

运动和学习相比，学习更容易让孩子赢。运动能力会受到天生条件和身体素质的限制。有些孩子苦短跑项目久矣，玩了命地跟着教练疯跑狂练，也只能相对提高一点速度，所以要他们在学校运动会上拿第一委实是强人所难。但学习就不一样了，逆袭的大门向每个人敞开，且逆袭的难度没有大家想的那么高，有时候略加技巧就能轻松反超。

如果孩子踏实完成了课本上的汉字练习，再多练几遍便能加深印象，那么在语文考试中就容易拿到汉字默写题的分数。做数学题也是同理，满分的门槛没有想象的那么高。从时间的投入与产出比来看，提高学习成绩比提高运动水平要"划算"得多。很难说，当下在运动领域风光无限的孩子，将来是否真能成为职业运动员。毕竟，打职业比赛的可能性低到没人敢给个概率。

但现在学习好的孩子，将来大概率会因此而直接获益，成绩好意味着更广阔的职业选择范围。我并不是说所有名牌大学的毕业生都因为自己的学霸人设而过上了幸福快乐的生活，只是通常而言，名牌大学的毕业生比高中毕业生在职业选择上有更大的空间。所以学习是一件可以给人生兜底的事情，它能全方位提升未来人生每个阶段的自由度与幸福度，是一个对冲人生风险的利器。

学习是一个公平的竞技场，一分付出就有一分收获。

高效话术：

"汉字默写果然是可以练的。
你看，你一练就有效果！"

第 3 章

方法为王——给家赋予"宜学"氛围感

有些父母平时对孩子的学习不闻不问，等看到孩子的成绩单时却一惊一乍的，或喜出望外，或哭天抢地。

　　还有些父母管不好自己的情绪，发现孩子没考好便恣意鄙视："这孩子天生就不是学习的料啊！"

　　这些父母只会给孩子注入负能量，牵制或阻碍孩子的进步。

　　学习是讲究方法的。方法对了，孩子自然就学得好。一个方法没有效果，就果断换下一个。父母持续探索，不断尝试，一定能找到适合孩子的那一种学习方法。

　　有没有办法能让我们更快更准地找到对的学习方法呢？

　　本章就介绍几种找对学习方法的技巧。

填鸭式教育也有闪光之处

"填鸭式教育"这 5 个字,光听就能让很多人反胃。曾经的填鸭式教育和当下的快乐教育,其实都没讨着好。日本的国民教育,似乎一直都在走弯路。

我想说,人们对填鸭式教育的批判往往是一种情绪宣泄,批判的背后鲜有站得住脚的数据来支撑。

有人说:填鸭式教育会扼杀孩子的创造力,抑制他们的思维能力。被"填"大的学生就是一群机器人,没有独立的人格和思考能力。那我们看看其他国家吧,比如印度的填鸭式教育就非常"硬核",孩子们要熟练口算 19×19 级别的乘法,但印度培养的 IT 人才几乎已雄霸互联网的每个领域,定义并引领全行业了。

20 世纪 80 年代，日本的基础教育广受好评，引得亚洲甚至欧美各国纷纷效仿。时至今日，很多国家在设计基础教育体系时都还在参考当时日本的基础教育体系。

我们真正输给其他国家的是高等教育。其他国家从大学开始培养学生的批判性思维，鼓励学生对此前积累的知识进行质疑。但日本还是如基础教育那般给大学生们"填鸭"，教授单向灌输自己的学说，不鼓励学生进行独立思考。所以日本孩子的创造力与思维能力并不都是被毁在了基础教育阶段，真正要对此负责的是高等教育。日本的大学教育抑制甚至摧毁了大学生的创造力与思维能力。所以，亟需改革的是大学教育，而不是大学录取制度。

有人认为：填鸭式教育会打击孩子的学习热情，淘汰了很多本来有潜力的孩子。那后来的快乐教育扭转乾坤了吗？这种快乐与放纵有什么区别？不是让更多厌学的孩子彻底弃学，然后被那些努力学习的孩子甩得更远了吗？

还有人认为：填鸭式教育有损孩子的心理发育，会导致孩子罹患精神疾病。殊不知，20 世纪 80 年代是应试备考的巅峰时期，但彼时的儿童自杀率呈下降趋势。倒是进入所谓的快乐教育时期后，儿童自杀率却没相应地继续下降。

只要能让孩子学到知识，体会到学习的成就感，填鸭式教育也是健康而有效的。

小学是一个人的记忆力和好奇心双双登顶的时期。此时若不让孩子大量积累知识，则是教育的失误。

一切在于方法，方法成就一切

高知家庭的小学霸总是让人羡慕的："这些孩子天生就不一般，他们大脑的构造恐怕都跟咱们不一样吧。"

很多新闻报道或传闻都在不遗余力地给大众"洗脑"：父母的学历、收入与孩子的学习成绩成正比。很多故事也在说：低学历、低收入家庭的孩子的学习成绩就是不太行。**人们由此相信：基因果然很重要，学习还得靠遗传。**

我当初也信过这种邪。刚入滩中学时，我的学习成绩一落千丈，我只能在后进生团体里混日子。入学时我曾在 173 人中排第 5 名，一年后便滑落至第 120 名。排名靠前的同学都来自高知家庭，父母都是名牌大学毕业的。而垫底的同学大多跟我一样，父母仅毕业于普通大学。

我曾经接受了这个事实，相信命数已定："我又改变不了基因，再努力也没用。"于是我渐渐地更懒得学习、更讨厌学习了。

后来才知道，高知父母会告诫孩子："考上滩中学可不代表未来就稳了，你可不能放松！"这些过来人会督促孩子继续保持昂扬和高燃的学习状态。

优等生和后进生家庭真正的差别不在于基因，而在于家庭教育理念。

高知父母都是在千军万马的考试中"杀"出过一条路的胜者，他们当然会把心得与方法悉数教给孩子。其他孩子就不能靠高知父母"提携"了，毕竟他们的父母没有在考试中"杀"出一条属于自己的路。

备考要讲究诀窍。父母自己的经验，绝对是个好资源。方法对了，成绩才能提高。

所有事情都有其规律或窍门。有些运动项目看上去很难，比如打高尔夫球，如果你觉得自己天资不佳，选择放弃，那你的水平也就只能如此了。但如果你能找到职业选手或业余高手，并向他们请教一些要领，那你的水平肯定还能大大提升。

同理可知，如果孩子能和成绩好的同学做朋友，学到一些有效的学习方法，那他的学习成绩肯定能够提高。

我在高中二年级时拯救了自己惨不忍睹的数学成绩，这场逆袭的关键就是我开发的"背诵答案法"。依靠这个神器，我的解题速度得以直线上升。

高效话术：

"基因并不重要，学习方法才是关键。"

幼升小辅导可休矣

在日本，幼儿园的孩子已经开始"卷"了，他们不敢放松学习，已开始为将来的升学"打基础"了。

我认为父母不用给幼儿阶段的孩子灌输升学意识，或逼孩子参加各种补习班，否则孩子早早便会被压力击垮。父母的这些焦虑和付出只会打击孩子的学习热情，抑制孩子的学习动力。

很多父母辅导孩子学习，看到孩子答错时便跳脚："这都能错！"父母总以为孩子答错题，就暴露了他在学习上存在的严重问题，甚至意味着他未来会学业坎坷、升学不利……于是不由得要呵斥孩子，想唤醒孩子的紧迫感，并把这种危机意识也灌输给孩子。但本书已反复强调，这些情绪映射只会让孩子更厌恶学习。

学龄前儿童有各自的发育节奏和特点，他们的学习能力与自制力远未定型。大人切不可在此时盲人摸象般地给孩子下定论。与其纠结于孩子一星半点的表现，不如去做真正有意义的事——激活孩子的好奇心。

父母可以给学龄前的宝贝读绘本，并在此过程中鼓励孩子尝试自主阅读，无须像学校老师那样一个字一个字地教。等父母把同样的故事翻来覆去地读上很多遍后，孩子自然就会记住相关情节和读音，并形成音义结合的记忆。

等孩子基本实现了自主阅读，父母就可以教他写名字了。就算他最初写得像鬼画符般也无妨。我们只要耐心纠正，让他逐渐掌握正确的书写即可。

当孩子对数字产生兴趣后，父母就可以教他简单的加法。父母跟幼儿探讨数学问题，最好用实物来举例："我们有 2 个苹果，再加上 2 个，一共有几个了呢？"如果孩子数着手指头答出："4 个。"那他也值得表扬。父母可以眉飞色舞地赞叹："你真是个天才！哥哥在小学里学的就是这些问题，你居然都会了！"

万变不离其宗，我们要让孩子觉得："我是个学习的好苗子，绝对能学好。"

当孩子答错题时，忍住，别说这句话：

"这都能错！"

在孩子的能力范围内尽量让他超前学习

慢热男孩在学习能力上的发展通常比女孩要慢一步，所以男孩父母更有必要帮助孩子进行超前学习。我建议父母在孩子小学一年级上学期，最迟暑假①结束前，帮孩子把一年级的内容大致过一

———————————

①日本学校的学年始于每年 4 月。所以暑假结束后，学年才过半，即将迎来下学期。——译者注

遍。适当的超前学习对大多数孩子而言都不是太大的负担。

一学期学完一学年的内容，简直是给孩子打了一剂"强心针"。当孩子翻过一年级下学期教材的最后一页时，父母可以欣喜地夸奖："你把整个一年级的内容全部拿下了，真是奇才！"其实这还有些许一箭双雕的效果，有理有据的夸奖能在无形中强化孩子的自尊心。

孩子先人一步吃透教材内容后，就更会相信："我能学好！"耳边的鼓励总归不如手中的学习成果来得踏实笃定，孩子会告诉自己："我成功了，我会学习！"

孩子过完了教材，还得夯实对超前学习内容的理解，并强化解题能力。此时父母就需要去采购一些教辅书和习题册了。只要孩子学习不吃力，学习越超前越好：计算是一种基础能力，奠定着后续学习的基础；汉字识字量越大，他可以阅读的书就越多，也就越能扩充知识量。

粗略地讲，孩子每日的学习时间可用公式"年级×20分钟"来计算。比如，小学一年级的孩子每天可学习20分钟，二年级的孩子可学习40分钟……以此类推，每个年级依次增加20分钟。这个公式对中学生也适用。

若孩子的学习能力和水平跟得上，父母可以让他从小学一年级起就超前学习教材内容，且习惯这种学习策略。这会有助于他将来的升学备考，当然，包括高考。

在应试领域，"先动者优势"强大到难以撼动。学习上做到先发制人，当然比灰头土脸地一路追赶要畅快惬意得多。

高效话术：

"你把整个一年级的内容全部拿下了，真是奇才！"

有盼头的学习更有效率

小学阶段，每个男孩的天性都是爱玩，而不是爱学习。

很多父母在让孩子学和玩之间犹豫纠结，既想多少满足一下孩子的玩耍欲望，又怕孩子玩起来就没了节制，耽误学习。

后文我会介绍如何帮孩子进行每日的时间规划。这里先大致讲一下最主要的三大类时间：就餐、睡眠等刚需时间，学习时间，娱乐时间。

光拉长学习时间没有用。想要孩子学得好又学不腻，反倒应该保证孩子的玩耍时间。当年准备高考时，我特别喜欢看电影，去电影院前后，我学习起来特别高效。我当年的梦想是当导演，所以观影是我勤奋学习后的最佳褒奖。一想到学完了便有电影可看，我就变成了一只追骨头的快乐小狗。心里有欲望，脚下有动力，学习的激情和效率都会直线上升。

孩子用心规划，就能高效而愉快地兼顾学习和玩耍。不过玩耍的诱惑多种多样：电子游戏、足球、电视、漫画等，每天全都玩一遍不现实。孩子要学会给各种玩耍欲望定出优先级，找出最想玩的那一项，把休闲时间花在刀刃上，平衡各种需求，而不是盲目地追逐日程表上的各个事项。

决定权必须在孩子手里。他喜欢和朋友们踢球，就让他去踢球；他喜欢漫画里那个幻妙的世界，就让他去看漫画。他们一旦确定了玩耍的项目，就要保证玩耍不超时，不能反悔。

有些事情看上去是在玩耍，其实只是在毫无意义地耗时间，比如百无聊赖地玩电脑游戏或看电视，这些都是空虚时的无心之举，搞不好越玩越无聊。父母要告诉孩子，与其浪费时间玩耍，不如想办法优化时间，用来学习或做一些真正让自己感到充实的事。

开始升学备考后，孩子们不得不缩减玩耍的时间。其实只要孩子的备考推进顺利，我们就可以适当留出一些时间来，让孩子忘却压力，玩个痛快——给孩子一个盼头，让他们在学习时越学越有希望，而非越学越绝望。

高效话术：

"玩耍的时间就要做最好玩的事情！"

考试的真正意义在于指方向

上学避免不了考试。父母无须为了平时的考试分数一惊一乍。除了升学大考外，所有的考试都是模考，没那么意义重大。重要的是通过平时的考试去摸清孩子平日的学习是否到位，学习方法是否有效。分数低就找出薄弱处，接下来重点攻克就好。一切都是为了最后的决战，而决战只有一次，那就是升学考试。

会学习的孩子都是会考试的。但这里说的"会考试"不是指分数高，而是说能通过考试找到下一阶段的学习方向。

试卷被带回家后，父母要和孩子一起复盘：分析哪里做得好，哪里失误了，以及失误背后的原因。我们不要轻描淡写地来一句："这里错了哦！"便放过了一个让孩子反思和进步的好机会。一般说来，**做错题有两种原因。**

第一种是孩子粗心，或是离正确答案仅一步之遥却没能坚持做下去，最终与正确答案失之交臂。孩子的水平没问题，但他却拿不到分。

第二种则是能力不足。孩子解题时毫无头绪，事后看正确答案都看不懂，如此，即使在考场上给他再多时间也无济于事。

第一种问题很好解决，孩子只需进行大量练习即可。我们可让孩子把类似的题目反复做，强化理解，确保下次考试碰到同类题型时能顺利做出来。

第二种问题就考验父母的耐心了。我们可在教辅、参考书的帮助下，让孩子重学一遍相关内容，掌握并厘清解题思路。切记不要让孩子囫囵吞枣地去学，而是要回到孩子"卡壳"的章节，让他从此处认真重学。如果孩子的成绩很差，那么父母就要拿出愚公移山的耐心与毅力来，帮助孩子从一两年前的脱轨处开始追赶。这个环节不落实，后果堪忧。只要孩子搞清楚了解题思路，你就可以让他从简单题目开始练习，随后逐步提升难度。

我们要"榨干"平时考试的每一分价值，别说错题，正确的题目也不要放过。如果每道题都是孩子靠实力做出来的，每个步骤都清楚明白，那最好不过。**但如果有哪道题纯属孩子瞎写，或是在半猜半想中蒙出来的，那就需要回炉加工了。**

我们一旦发现了孩子的薄弱处，就要让孩子有针对性地加强。我们要跟孩子制订"补牢计划"，约定好接下来用什么方法解决什么问题，如每天上学前要练习 20 个汉字听写，或者逐一检查计算题。制订了计划就要做到。

高效话术：

"原来这些地方都是你的薄弱之处，那你接下来就要好好强化它们了。"

百炼出真金，百考出实力

前文给考试赋予了新意义，给出了挖掘其价值的方法。但学校考试的频率并不高，孩子仅靠学校考试可能"吃不饱"，所以平时父母最好给孩子进行家庭模考。

我们可以用试卷类的题库书，让孩子在家进行计时模考。这样既能让孩子有更多实战演练的机会，又能让父母准确掌握孩子做各种题型所要花费的时间，可谓一箭双雕。父母要通过模考知道孩子的薄弱之处，接下来要帮孩子有的放矢地强化。这才是考试的最大功能，家庭模考的作用不亚于学校的正式考试。

强化完薄弱之处后，最好让孩子把试卷重新做一遍，以加深印象。家庭模考和学校的试卷都需如此操作。但走回头路对孩子来说可能有点无趣，他们往往不会主动重做，父母得及时提醒："来！我们可以重做那张卷子了。"

马马虎虎地应付知识点会为将来埋下危机。一个薄弱之处是否被攻克，不应看孩子的自我感觉，而要看孩子重做试卷时能否把分拿到手。任何题目都一定要让孩子彻底想清楚、弄明白，直到做出正确答案。

家庭模考还能告诉我们哪些考试技巧有用。孩子不断积累适合自己的解题方法，到了大考的考场上才有"一切尽在掌握"的笃定。在此我想介绍两条考试经验，希望对孩子们有所启发。

第一条，无须按出题顺序答题。日本的语文考试多始于长文阅读，我建议大家先越过这部分题目。不论什么考试，孩子拿到卷子后，要做的第一件事情是从头到尾快速浏览一下全卷，先做那些有把握的题目，比如语文基础题、数学计算题等。这些题目是只要平时下了功夫，脑子里就一定会有答案的，孩子动起笔来会得心应手。

还有一个小原则供大家参考，即考试时要大胆跳过那些思考了两三分钟也找不到灵感的题目。考试的时间非常宝贵，孩子不应跟"拦路虎"题目太过胶着。

第二条，从自己最擅长的题型开始作答。计算又快又准的孩子就先做计算题，几何厉害的孩子就先做几何题。还有，刚才提到的那些"拦路虎"也不是让孩子完全放弃，万一之后又有了解题思路，可以再回过头来解决它们。让孩子坚持到最后，努力到极致，不放弃任何一分。

高效话术：

"来！可以重做那张卷子了。"

改善学习方法的四点建议

孩子考了低分，父母可能会哀叹："真的有人天生就学不好！"特别是当想尽办法后，孩子还是只能拿回一张张惨不忍睹的成绩单时，父母就更想放弃了。**但认真分析就会发现，分数不高并不意味着孩子笨，而是他们没找对学习方法。**

有的孩子会跟一道应用题死磕，不得出答案不罢休。孩子奋战的背影很感人，但实际上他们只是在瞪着题目发呆。被浪费掉的时间自然是没有回报的，他们的成绩只可能原地踏步，甚至退步。另外，孩子听了很多解题方法，但完全不复习，这等于白听。这些虚耗的努力不会变成真正的能力，更遑论高分了。

我当年运气不错，悟到了"看答案＋上手练"的数学学习方法，从此触底反弹，逆袭成功。这段经历让我彻底明白了"**学习，关键看方法**"的道理。我在滩中学念高中时，帮助过一个小学时的朋友。他就读于一所普通的公立高中，正为数学头疼。我告诉他："做不出的题就直接看答案吧，你理解后再多练练同类题型就好了。"按照我说的方法，朋友后来顺利考入了东京大学。由此，我愈发相信自己的学习方法有效了。

第 3 章
方法为王——给家赋予"宜学"氛围感

父母看到孩子一番苦读却没有效果时，不要怪孩子脑子笨或反应慢，要怪学习方法不对。学习方法有很多，父母要耐心寻找。在这个过程中，我有以下四点建议。

成果至上。我们追求的不是孩子学习的时长，而是"有效学习量"。"学习量"是指孩子完成的题量或新吸收的知识量。耗时不难，但若孩子的学习效率低，以至于他实际的学习量并没有多少，那就等于浪费时间。所以当发现孩子时间没少花，但完成的题量、新吸收的知识量没上去时，我们就要换个方法了。

学习的量虽然够了，但孩子若没把成果刻进脑子里，就难引起质变。秘诀还是在于复习。孩子辛苦做完一本题册，但不去复习、不重做错题，脑子就会如筛子般把这段记忆渐渐筛空，仅留一个印象："那本题册我做过的吧？"所以，要巩固学习成果就必须复习，这和预习、学习一样重要。

所有努力都要有明确的目标，不做无用功。为孩子某个升学大考做准备时，就要让他们在出题范围内进行练习和复习，还要以考试要求的形式作答，确保同类题型不丢分。

任何一个知识点都不能囫囵吞枣地学习，一定要切实理解，不留死角。我们要让孩子知道不能怕不断发现的知识上的薄弱处，必须仔细回溯，精准定位到卡壳的地方，从此处起扎扎实实地重新巩固。

高效话术：

> "做不出的题别死磕，可以看看答案。"

笨鸟忘了先飞，怎么办

慢热男孩在学习上不领先也就罢了，万一他还落后同龄人一大截，这才真是叫父母忧心如焚。有些父母会像没头苍蝇般乱撞，毫无头绪地催孩子；有些父母则干脆放弃不管，那孩子就真的很难再追平同龄人了。其实学习落后也有摆脱落后的战略，只要学习方法对了，自然就路顺桥平了。战略思路有很多种，下面我介绍一条思路，希望能帮到暂时处在追赶状态的孩子们。

这条思路是：**趁别人松懈时默默前进**。如果孩子能在寒暑假时持之以恒地学习，加速积累有效学习量，他便可能弯道超车。不过，没必要让孩子天天将全部精力放在弱势科目上。因为，越是这样，压力就越大，也就越容易焦虑。

第 3 章
方法为王——给家赋予"宜学"氛围感

追赶本就够辛苦了，如果在追的过程中，孩子天天没完没了地被弱势科目"虐"，且只被弱势科目"虐"，他就会丧失全部的学习热情，更加厌学。最后，别说追赶了，他恐怕连本来的名次都保不住。

追赶弱势科目不是努力了就能立竿见影的。孩子不如先巩固优势科目的领先地位，找到学习的自信："我就是这科的王者，谁都没我学得好！"然后再对弱势科目徐徐图之。当年，直到高二结束时，我都还在跟物理科目彼此伤害。但因为其他科目的学习都步入了正轨，所以我就有了充沛的精力与底气去跟物理决战到底。

不管孩子想提高哪门学科的成绩，关键都是看学习方法。孩子利用假期寻找和调整学习方法时，无须心疼时间，一个方法一个方法地去试，定能找到最适合的那一种。孩子一旦找到了正确的学习方法，就要坚定不移地执行下去，开学后也就能同样高歌猛进。一旦成绩开始稳步提高，孩子便能逐步缩小和其他同学的差距。

如果孩子到了小学毕业时，依然没能找到适合的学习方法，家长也不必惊慌。小升初的衔接假期就是逆风追赶的黄金时间。

那些考入名校的孩子可能会松一口气：之前学得太累，这个暑假要好好休息一番。那么其他的孩子就等来了逆袭的机会。即使孩子在考试中落败，也可以趁对手松懈时攻其不备。孩子可以在这个暑假奋起直追，让自己以一个"学霸"的模样在初中教室里闪亮登场，奠定未来几年一骑绝尘的基础。

高效话术：

"历史可真是你的菜，你简直学到极致了！"

管理好最大的宝藏：时间

大部分孩子对时间不会太敏感：他们放学回家后会习惯性地拿起游戏机或手机开始玩，被父母叱责了才不情不愿地去学习，到了饭点就出来吃饭，饭后又看起电视来……

有的男孩真是这样毫无紧迫感的。时间的宝贵性、任务的重要性被他们熟视无睹。他们的天性似乎就是"今朝有酒今朝醉"。要让懒散到骨子里的慢热男孩去学习，父母就必须帮他们制订出一个有效的日程规划表。一天的时间可被大致划分为三大类：吃饭、睡觉等刚需时间，学习时间，玩耍时间。

这当中首先绝对要满足的就是吃饭、睡觉等刚需时间了。尤其是睡眠时间，无论如何都要保证，这是提高学习效率的基石。**削减睡眠时间对学习是有副作用的，结果会得不偿失。**

其次是学习时间并非越长越好，人的注意力集中时间天生有限。

最后，若想让孩子学得专注高效，那么玩耍时间也必不可少。有时候为了给大脑换个档，给神经松口气，玩耍是必要的。且孩子玩得尽兴，学习效率还能更高。

在确定三类时间如何分配时，父母不要独断专行地命令孩子全盘接受给定的计划，而要鼓励孩子去分析自己的情况，帮他设计出适合他的、既高效又能落地的日程规划表。

所以孩子要好好问自己：自己最能集中精力学习的时段是什么时候？为了提高学习的总体效率，应该怎么分配时段？自己的情绪、状态和喜好有什么特点？日程规划表上还需要做怎样的调整？

能清醒地认识并反思自己，从实际出发帮自己规划好时间，是一种可以实现且极其厉害的超能力。这对孩子将来应对高考，甚至在社会中打拼都非常重要。

日程规划表无须一锤定音，只要孩子发现不合理之处便可及时修正。随着日程规划表的不断升级，孩子的时间管理能力会得到显著提升。

父母帮孩子列明工作日的单日计划后，就可以和孩子处理更大时间单位的计划了，让孩子站在"星期"的角度去设计生活与学习的节奏。如果工作日的任务都保质保量地完成了，周末的时段就可以主打娱乐活动，给孩子辛苦一周的头脑来一次休闲奖励。当然周末在娱乐的同时，也可辅以学习计划，比如"每个周末至少学一天"。

高效话术：

"要不要试着规划一下自己一天的时间呢？"

复习是巩固学习成果的最佳方法

关于如何提高记忆力，多年来人们研究出了大量技巧。但各种实验和结果都说明，最实用的窍门、最基础的原理还是"重复"。

第 3 章
方法为王——给家赋予"宜学"氛围感

19 世纪末，德国心理学家赫尔曼·艾宾浩斯通过实验发现了著名的"艾宾浩斯遗忘曲线"。实验中，每位受试者要记住 3 个没有意义的字母组合，然后进行数轮测试。结果显示：受试者大约在 20 分钟后会遗忘 42% 的内容，在 1 小时后遗忘 56% 的内容，在 1 天后遗忘 74% 的内容，在 1 个星期后遗忘 77% 的内容，在 1 个月后遗忘 79% 的内容……

这个实验还说明，如果我们没有及时复习，那么一天以后我们遗忘的内容将达到 70% 以上；而如果我们能做到及时复习，内容能被记得牢且记得久。这个结论对学习的启示就是：复习是巩固学习成果的最佳方法。

对于所有的教学内容，孩子不复习就意味着遗忘。这是对学习的辜负，对时间和金钱的浪费。一定要让孩子有意识地去复习。可以制定一些规则，保证复习落实到位，比如周末设置一个"复习日"，课后要温习笔记，等等。

一日之计在于晨，清晨是极佳的复习时段。最好能要求孩子每天早上对之前所学内容进行复习，再加上周末的"复习日"制度，孩子的记忆定能进一步巩固。

一个知识点或一段内容需要多少时间来复习呢？德国心理学家尤斯廷·克鲁格设计过相关实验，实验让受试者牢记一条新信息，并记录牢记所需的时间，接下来让受试者去复习这条信息。实验证明，用与牢记信息同样多的时间去复习，和只用牢记信息一半的时间去复习，两者的记忆效果其实没有太大差别。

这说明花1个小时学习，复习只需要30分钟。复习时间虽短，但效果不差。

还有一个重要的技巧可以提高复习的效率，那就是减少干扰性、浪费性的记忆。如果我们不分主次地去记忆所有信息，那大脑中的记忆存储系统肯定会用新信息去覆盖旧信息。这种现象被心理学家称为"逆向抑制"。升学备考时，孩子最好能专注于学习内容，并进行精准复习，以此对抗逆向抑制，巩固学习效果。

高效话术：

"如果我们不复习课堂上所学的内容，马上就会忘记。要及时复习哦！"

第 4 章

各学科必杀技
——方法对了，第一名凭什么不能是我

每门武功都有自己的秘籍。掌握要领，能让人游刃有余；而瞎猫乱抓，最后也只能抓到死老鼠。

正确的方法才是突破障碍、打开局面的关键。

在不断地尝试和调整中，那些曾让孩子备感痛苦的拖后腿科目或许就变成了一群纸老虎，说不定还会逆转为拿手科目。

本章将根据不同科目的特点，分享笔者多年来积累的数条高效学习方法。但这其中有很多条，是以父母的支持为前提的。

希望我们能享受与孩子共读共学的宝贵时光，一起过关打怪，释放孩子的学习潜能，为孩子铺就一片坦途。

语文：学习的顺序是从"读"到"写"

现今孩子们的读写能力是真的让我揪心。网络流行语左右了很多孩子的心智，他们的言语中翻来覆去就是"安排""家人们""无语"，等等。他们的词汇贫瘠，语法混乱，阅读文章和总结大意的能力约为零……母语能力居然能成为孩子们的短板。

解铃还须系铃人，要提高孩子们的母语能力，当然需要孩子们自己多学多练，最好的方法就是在生活中亲近规范的母语。这无须报什么班，每个家庭都做得到。

我首推"亲子共读"。

当年，"亲子共读"就帮我女儿大大地提高了日语水平，但最初也是无心插柳。彼时我还在美国留学，女儿却死活不愿学英语，我只能四处搜寻日文绘本读给她听。女儿竟然非常享受，每天都欢欣雀跃地要我读书。我们远在他乡，绘本资源有限，我不得不把同一本书反反复复地读很多遍。这倒无意间培养了孩子音义结合的意识，渐渐地，她也有了自主阅读的意愿。

随着女儿阅读能力的提升，我发现女儿的词汇量也在显著增加，还能时不时用上一些文言词汇或高深的表达。这些用语大多是拜绘本所赐，它们曾在书里出现过。

词汇量是扩充知识和活化思维的金钥匙。给孩子读书肯定能培养孩子对阅读的喜爱，并提高他们将来的学习能力。

父母给孩子读书时，最初的几次可以放慢语速。只要孩子熟悉了内容，有了形式上进行阅读的可能，那么哪怕他不识字，父母也可以邀请孩子试一下："要不要你来给我们读一遍？"等到孩子对文字产生了兴趣，他便会想认识更多的新字。所谓"读写不分家"，读是写的基础，练好"读"这个基本功大有裨益。

等到"读"过关了，孩子能自然而然地记住汉字的字形和写法。

高效话术：

> "要不要你来给我们读一遍？"

语文：识字高手的修炼之路

如前文所述，对小学低年级的孩子一定要重视汉字的读写，可以反复让他们进行听写汉字的训练。

我们要让孩子不断记住新的词汇和表达，丰富的词汇库是他学好语文的基础。不过每个孩子的记忆效率各不相同，父母要结合实际情况进行判断。总体而言，让孩子每天认识 20 个新汉字或新词语大抵都没问题，但 40 个对他们来说基本就是极限了。

父母可以观察孩子单日识字量的上限，然后量体裁衣地设置每日识字计划。

不过单调的听写训练很枯燥，孩子很快就会腻烦。**父母可以用"关联记忆法"来改善听写体验，增加些许逻辑性和趣味性。**比如孩子一年级时，父母就可以把表示颜色的字归到一起让他学习，如红、白、青、蓝等。

如果孩子能接受，父母也可以带他认识"黄""黑""绿""银"等复杂一些的汉字，这样不仅能让他学得快，还能强化他的自信心。我们可以欣喜地祝贺他："这可是高年级的内容，你都赶上哥哥姐姐们了！"如果孩子还掌握了这些汉字的书写形式，那父母就进一步夸奖他："我家的汉字小能手厉害了，高年级的同学都不一定是你的对手！"孩子一高兴，就愈发想学了。

孩子学习表示身体部位的汉字时，也可以一口气记下一个系列，如眼、口、耳、手、足、脸、鼻、舌等。当学到"海"这个汉字时，就可以让他一起学习与海相关的词语，如"海水""海洋""东海"等。汉字的组合千变万化，各种成语、谚语更是数不胜数，教孩子组词也是在教孩子触摸汉字的丰盈与灵动。

所有年级的孩子基本上都能用一学期就学完整学年的新汉字，他们大多具备这种吸收能力与记忆容量。

孩子真的做到后，父母一定要大力表扬："这才一学期，你就把整学年的汉字都搞定了，简直是神童！"当然也别忘了向孩子强调"重复"的重要性，让他们在假期和假期后都要及时复习，让超前的学习进度能被巩固下来。

上学期学完一学年的汉字内容，下学期就轻松多了。而且孩子肯定有种傲视群雄的成就感："其他同学都还不认识的字，我全都会。我真厉害！"

高效话术：

"学表示身体部位的词语，可以一次学一系列，这样更轻松哦！"

语文：文学作品承包了所有的含金量

积累阅读量是学好语文的必经之路。

小学一年级时，孩子如果还不能实现完全的自主阅读，父母是可以继续进行亲子共读的。读着读着，父母便可以鼓励孩子向自主阅读过渡："接下来你试试自己读吧，一定没问题的。"

大多日本父母在选择书籍时，觉得文学作品含金量最高，是书籍的明珠，所以对小说和古典著作情有独钟。的确，语文教科书里收录了不少此类作品，为的是提高孩子的共情能力与传统文学阅读能力。但孩子毕竟还小，心智和感知不见得能支撑这些庞大而深刻的作品，搞不好他们会越读越困、越读越烦。

我就是典型的直线型思维，之前一直搞不明白感性情绪和文学意境是什么。到了高中，我都还深陷于学习语文的恐惧中。所幸我的理性思维颇具优势，读议论文、说明文等逻辑清晰的文章就不在话下。

其实我这样的孩子可能会更适应将来的职场，因为我们对撰写规范的报告、邮件和公文等工作会得心应手。

每个人都有自己的专长，父母没必要为了追求所谓的含金量，就按着孩子的头逼他去读他不感兴趣的文学作品。书不分三六九等，可读的每一本书都将为孩子的成长之路铺就一块坚实的砖石。

如果孩子喜欢读百科图鉴类的书，那你们就用百科和图鉴喂饱他。如果他沉迷于昆虫世界，那你们就让他去介绍昆虫的书里邂逅所有小虫子。

最重要的是，孩子通过自己的眼睛阅读文字，并向大脑传递信

息和知识。

有些父母看着孩子痴迷于研究铁道，就急得跳脚："看这些跟铁道有关的书有什么用？你倒是看看生物书，积累点有用的知识啊！"但知识又何分贵贱？不是只有考纲里的考点才算知识的。

孩子喜欢体育，父母就可以让他阅读专业的体育报纸或杂志。看成人读物，其实有奇效。因为孩子能自然而然地学到不少高级词汇。父母可以时不时问问孩子，比如："'教练'这两个字你会写吗？""你会写'牵制'吗？"

我们大可放下对小说和古典著作的执着，让孩子选择一个让他两眼发光的领域，进行自由而愉悦的阅读。那些完全让孩子提不起兴致的书，父母就无须逼他勉为其难地一本本啃了。书籍应该是温暖的光与和煦的风，而不是难以下咽的药。

高效话术：

"你想当棒球教练，那你知道'教练'这两个字怎么写吗？"

语文：培养理性阅读能力

日本的小学语文教育太忽视对理性阅读的培养，比如孩子们写读后感时，总是套路化地提取的意图或文章的主旨，然后套用老师教授的模板完成一篇"作者通过本文抒发了……"式的读后感。总之，读后感就只能写"感"。如果孩子将它写成了内容提要或概述，那就通通不合格。

我当年就是这么一个"傻"孩子，真把一篇概要当成读后感交上去了。结果老师批评道："你这是概要，不是读后感！"但长大成人后，我们都是要进入职场进行公文写作的，理性思考和应用文写作才是刚需。这其中又数概要的写作尤为重要，因为有太多的场合需要我们写报告、论文，或整合资料撰写综述了。

职场公文要的是用词严谨和条理清晰，任何观点都要有理有据有逻辑。如果作者加入了太多个人情感或体会，那反而会画蛇添足。如果父母要为孩子今后的事业发展做准备，现在就应该培养孩子的理性阅读与应用文写作能力。

可惜的是，当我们明确要求孩子写一篇文章概要时，很多孩子都写不好。他们也许能口头概述一下大意，但多半没法用规范的语言与清晰的逻辑书写成文。

所以我建议，孩子们从小学三年级起就要练习写概要。最初，父母采用口头提问的形式即可："可以聊聊你刚读完的这本书主要是在写什么吗？"不要小看口头的概要训练，持之以恒的概要训练也能提高孩子的阅读能力和语言表达能力。

接下来孩子可以做书面的概要训练。每次要设定一个字数限制，如 200 字或 400 字，以训练孩子写作的准确性与简练度。

如果孩子努力了也拿不到读后感的高分，那就拿不到吧。他无须再绞尽脑汁地猜"老师认为作者在抒发什么"了。当孩子把书写概要训练到位后，其他尽力就可以了。

另外，一旦孩子到了小学高年级，父母最好用小升初考试的参考书或习题册来带着孩子做阅读练习。

这个考试水平的阅读题目是需要孩子在真正理解原文的基础上进行回答了。孩子会在文章阅读训练中，逐渐掌握阅读理解的真谛。

高效话术：

"跟妈妈说说，这本书主要讲的是什么啊？"

语文：三点分析法

前文提到，职场最需要的是公文写作，把文章写得清楚有条理才是正解。其他国家的母语教育都非常重视报告、评论等文种的写作，议论文才是"万文之王"。

议论文有个"三段式经典结构"：①核心话题或主旨；②作者的观点及其论据；③结论。

写议论文时，孩子要给自己的意见找足三个理由。有些电视节目总用讨好的观点或浮夸的口号来吸引眼球，却无半点依据。其实证明一个观点，三个理由就已足够。且论证观点时，遣词造句越客观越好，无须夹杂作者的个人情绪。

孩子要给自己的观点找足三个理由，就必须学会从不同的角度去观察和解读事物。这样，他的整个思维系统都会活跃起来。

孩子掌握了上述三段式经典结构，就不会再害怕写研究报告、小论文等文种了，也就不再会为汇报演讲而发怵了。

假如现在要训练孩子写一篇与战争相关的议论文，父母可以怎么指导呢？

首先，父母要发问："你怎么看待战争？"孩子可能会回答："战争是可怕的，人类不应该打仗。"那么父母就让孩子写下本文的主旨："战争是可怕的，人类不应该打仗。"

然后父母询问："为什么战争很可怕呢？写出三个理由吧。"孩子一定会绞尽脑汁地去找战争的可怕之处，可能会写出"战争残害宝贵的生命""让难民流离失所""阻碍经济发展"等。

第一个理由往往能脱口而出，但第二个和第三个理由就越来越勉强了。孩子可能要冥思苦想好一会儿才能凑齐，但要的正是这种头脑风暴，无须对孩子的理由吹毛求疵，只要他能找到三个理由，父母就应该表扬："理由都找齐了，真棒！"

此时，父母可以提最后一个问题了："好！你的结论是什么呢？"孩子也许会回答："战争就是错误的，我们要反对战争。"那么我们就得到了全文的结论，孩子写下来，就可以完成这篇结构完整、条理清晰的议论文了。

这是一篇规范的议论文，它的写作意义是教孩子使用正确的思维框架、逻辑和语言去思考、去表达。孩子将来考大学时，甚至工作后，都会因此而受益匪浅。

高效话术：

"你的观点不错，请写出三个理由来吧！"

语文：无敌烂笔头，越写越生花

语文的学习需要多写多练，记日记就是很好的训练方式。孩子的日记主题可以随心情而定，若能用上三段式经典结构就更好了。

孩子初写时，我们无须求全责备，可以从旁指引，对他的文章结构进行微调。我们可以：①提问：“今天有什么新鲜事发生吗？把它写下来吧！”于是主题就敲定了；②结论：“当时，你的感受是什么？”③论证：“你为什么会有这样的感受呢？分析一下，写出三个理由来吧。”如此孩子便完成了一篇“总→分”式结构的日记。渐渐地，孩子就能灵感如泉涌，下笔如有神了。

记日记虽是基础练习却意义深远，做好了，能让孩子未来高考的语文分数提升一大截。

如果孩子使用三段式结构记日记觉得吃力，那父母不妨让他试试简约版的日记——让他用几句话概括一下今日的所见所闻、所学所得。

只要孩子能记下些许有意思的经历，或值得记录的事件，那便足矣，任何信息都值得学和记。况且语言运用就是最好的学习，头脑只会让那些有用且被用过的单词留存下来。记简约版日记也是在让孩子的头脑运用词汇，当然对语文的学习有利。

孩子们对新知本来就有天然的亲近感，总想赶快掌握新学的词汇。第一次听到“体察”这个词，他可能立刻会向父母请教。父母要鼓励他去用新词汇遣词造句，并用在当天的日记里。

父母如果只答一句“这个词就是为他人着想的意思”便没了下文，那孩子多半很快会忘了它。如果不立刻演练新学的词汇，孩子第二天肯定就没了那种"这词有点意思，我要用用看"的兴致。所以父母一定要让他在印象深刻之时，多写多用。

小升初备考时，孩子也可以用书写来帮助自己背下那些艰深的长篇课文，特别是复杂的谚语和汉字，孩子写得多了，自然就记得牢了。

很多高中生会把英语单词写在单词本上背诵，原理也是一样，写过的东西总是比看过的更能在记忆里留下痕迹，且历久弥新。

高效话术：

"今天发生了什么有趣的事情？记下来吧。"

数学：数学始于计算

数学的千里之行，始于"计算"。孩子起步越早，学习效果就越好。学数学的方法就是反复练习，父母无须担心错过什么窍门捷径。

第 4 章
各学科必杀技——方法对了，第一名凭什么不能是我

小学低年级的孩子就是打基础和练数感，把基础的加减法拿下就好。他最好是看到题目就能直接报出答案，练出如同呼吸一样的肌肉记忆。

数学基础必须扎实。小学时，如果孩子瞎混日子，那他将来的学习成果一定如海市蜃楼，说散就散，甚至影响到高考。计算训练还有个"赠品"效应，那就是能给孩子带来巨大的自信心。如果孩子觉得玩转加减法不难，他定会因此看到自己的潜力："我脑子不错，以后肯定是优等生！"这就是计算训练给予男孩的力量，将让他无所畏惧地面对今后的学习。

计算训练要计时，孩子每天的训练速度都比前一天更快才好。此时速度为王，不用管难度。

有的父母可能会担心："孩子只管速度就只能变快，但计算能力不能变强。他还是得死磕几道难题吧？孩子的计算能力就像稍纵即逝的流星，现在抓不住，以后就更难抓住了。"但其实他们有巨大的计算潜力，当下远不是他们计算能力的巅峰时期。

我们还是说回计算速度。计时能让孩子体验到一种游戏感，"我下次还要再快些"，伴着玩心的求胜欲如同燎原之火一发不可收。游戏带来自发的专注力，可以帮助孩子在计算速度和准确度上稳步提升。

孩子每次提速后，父母都别忘了给予肯定："这次整整缩短了

10秒！""刚才是你的史上最快纪录！"如此能让孩子收获成就感，感知到自己的进步，对下一轮挑战更有兴致。

计算的速度越快，孩子就越能在考试中节省出更多的时间去思考和作答。时间充裕，孩子才能去尝试更多的解题思路，才可能解出题目。题目解得多了，他的分析能力也会变强。

一个人做出反应的速度将影响他一生的工作效率与产出。为了孩子将来不被社会淘汰，给他更多实现梦想的机会，我们现在就要给他的反应和思考提速，让他练就一颗飞驰的大脑，去成就飞驰的人生。

高效话术：

"你这次的计算速度好快，整整缩短了10秒！"

数学：口算"神器"百格板

有种口算"神器"叫作"百格板"，其形式简单，但练习效果不凡。它呈正方形，有 10×10 个（100 个）格子。我们在最上一行和最左一列中，分别随机填入数字 "0~9"。孩子可按从上到下、从左到右的顺序，依次进行加法计算，每个格子都等于纵横两个方向的数字之和。

从 0+0 到 9+9，一位数的加法就有 100 种。填数字时我们还可以随意排序，所以百格板的排布方式千变万化，且加减乘除都能在其中演算。其练习难度可随孩子年级的变化而调整，孩子用它练到小学高年级也没问题。百格板把计算训练变成了游戏，更富趣味性。

用百格板训练口算时，父母一定要计时。如前文所述，计时带来的游戏氛围有种让人乐在其中的紧迫感。孩子会欣然接受挑战，全情投入，努力刷新速度记录。

顺利的话，大约 3 个月，孩子就能把解答时间从大于 3 分钟，缩短到 1 分 30 秒左右。父母一定会惊喜于孩子一次次的提速。

孩子的口算水平稳定后，父母可设置一场亲子对战。父母一定要做个称职的对手，不用刻意留一手，让孩子觉得被糊弄。如果孩子认真练习一两个月，说不定父母都比不过他。父母输了就要服气，让孩子体会一下当赢家的豪气。我们可以说："太厉害了！你年纪不大，居然能打败妈妈 / 爸爸。"

父母的背水一战或一败涂地，能让孩子欣喜不已："我变强了，这滋味不错！"他会对练习上瘾，孜孜不倦地追求哪怕一秒钟的提速。父母还可以给孩子制定阶段性的目标，在孩子达成后给予大力表扬。孩子品尝到成功的喜悦，自然会主动要求练习，无须父母灌药式地催促："来嘛，练一下好不好？"

我们可以连续两周使用同一种数字排布，重复训练能进一步加深印象。遇到困难时，如果孩子想看看答案或提示，那也没问题。

对于同一种数字排布的百格板，孩子要争取在两周内把解答时间减半。当然，一年级的孩子就不强求速度了。二年级的孩子应能把加、减、乘法的时间都控制在 3 分钟以内，并在三年级时达到 2 分钟以内。

不过，我们的首要目标还是要让孩子习惯并喜欢上口算训练，所以解答时间和训练时长都是次要的。尤其是一年级的孩子，他们的自制力和注意力不会很强，所以，他们每天的训练时长最好不要超过 10 分钟。

高效话术：

"妈妈输给你啦，宝贝真的好厉害啊！"

数学：几何题很难，但不足畏惧

在小升初选拔考试中，几何题是一把金钥匙，对拿高分可能起着决定性作用。几何题着实不是个软柿子，多数孩子要被它扒下两层皮。

如果孩子能力达标，但下的功夫不够，父母可以提醒他勤学多练。

有些父母迷信于"几何题做得好或对图形敏感就等于脑子聪明"，于是逼孩子跟几何题死磕。如果孩子确实不擅长做几何题，那他们不论如何刷题，也无法改变现实。切记，真正的底线是不能让孩子觉得："我做不出几何题，所以是个笨孩子。"

为几何题挣扎已久的孩子需放下执念，重塑自信。父母可以建议："先练计算题吧。算得多了，人会变聪明！"当孩子练够了量，他的计算能力也定能由量变引起质变，从此无畏计算题。经此一役，孩子会相信自己的确变聪明了。其实计算题对大家很公平，都是越练越快的。但男孩就会给"点阳光就灿烂"："计算题已是小菜一碟，我真聪明！"这种错觉是个宝，父母们要利用好它。

很多时候，一味硬闯不如转换方向或降低难度。有的孩子不擅长几何题，也有的孩子讨厌数独（即上节"百格板"游戏）。若孩子算数独时困难重重，那父母就可以设计个减配版数独，如 5×5 的"25格板"、10×1 的"单行板"等，让孩子得以循序渐进地练习。他练好"单行板"后，再升级到"25格板"，以此类推，逐渐升级，直至能挑战原版百格板。

前文多次提到，帮孩子塑造自信心其实不难——创造条件，成全并表扬他所有的进步。如果孩子一直实现不了目标，那父母就调整目标，或把大目标分成一系列小目标。孩子注意力差，那一口气能算对 5 道计算题便算他赢，且每算完 5 道题就让他休息一下。

父母不能只把焦点放在问题上，动辄逼问孩子："这点题都算不了吗？"路没选对，当然与目标渐行渐远。成功就在不远处，只是需要我们戒骄戒躁，因材施教。

高效话术：

"多做计算题吧。算得多了，脑子就会变聪明哦！"

数学：二号"神器"——算盘

算盘是训练计算能力的又一利器。我早年在珠算训练上获益匪浅，所以很是推荐珠算。

小学三年级时，我走进了珠算班，一年后通过了日本的珠算三级考试。班里同学几乎都能轻松计算 5 位数以上的加法、3 位数的乘法等高阶题目，有的同学甚至能心算。

我当年也是个心算小能手，能在脑子里用一个虚拟算盘打出答案，很是神奇。珠算让我在计算题上打遍天下无敌手，收获了极大的自豪感。这让我把小学生活过得风生水起，还在小升初和高考时都尝到了甜头。记得当年参加东京大学的数学考试时，遇到难题我都不会轻言放弃，一个思路走不通就换另一个："时间有的是，多试几次也无妨。"过人的计算能力让我实现了考试的时间自由，这才是我能锲而不舍找思路的秘诀。

在参加东京大学的考试中，我做出了 6 道数学题中的 5 道半，数学毫不费力地便过了线。

很多人觉得计算能力强不是什么了不得的本事，但他们没看透的是，计算能力带来的数感与直觉其实是理解、推导、总结解题要领的基础。

我能考上东京大学，真的得感谢自己强大的计算能力。

当然也不是每个人都适合珠算，我弟弟在珠算课上就只收获了挫败感。弟弟成天都被我和父亲打击："你不行啊，学习上没救了。"但他换了练习方法后，居然也在四年级时跳了一级。那天，弟弟也终于被老师夸奖了："孩子，你可以做五年级的题目了。太优秀了！"他几乎喜极而泣，自信如潮涌。

好的开始带来顺遂的旅程。**第一次的成功体验让弟弟看到了希望："只要努力我也能行！"这股勇气指引着他对其他科目展开攻势，进步飞速。虽然他在小升初选拔考试中败北，但最后也弯道超车，一举考入了东京大学。**我们兄弟俩的故事说明，学习方法万千种，大家不必执着于某一种。如果当下的学习方法只能让孩子痛苦迷茫，那就帮他换一个。重要的是找到最适合孩子的那一种方法，让他真切地看到自己的计算能力在提高。

高效话术：

"要是你能玩得转算盘，可以在脑子里打算盘，然后秒得答案，那会特别神奇！"

数学：想看答案就看，不要被应用题卡住喉咙

小学高年级时，应用题成了个"魔鬼级"的试炼。很多孩子的思考能力开始变得捉襟见肘，似乎遇到了过不去的坎。

与其让孩子猛咬笔杆也不得其解，不如让孩子直接看答案，然后去练习同类习题，积累解题思路与有效解题量。题目做得多了，孩子思考和解题的速度定能提高。

当孩子发现"我能做那些难题了"时，他的自信心就会变强，学习状态也会越来越好。这正是我高考前用过的"背诵答案法"：先看懂答案，然后再练同类题。解题思路厘清了，自然下笔如有神。

这个方法的诞生，要感谢我的一个高中同学。彼时，他收集了尖子生的数学笔记，并编辑成册分享给其他同学。我如获至宝，真的意识到"他山之石，可以攻玉"。这些笔记成就了我的第一个数学满分。从此我发奋学习笔记里的解题方法，解题能力持续提升。

几年后，弟弟也在"背诵答案法"的帮助下通过了文科第一类高考，被东京大学录取。这方法在别人身上也管用！喜出望外之余，我明白掌握解题思路无须讲究原创、纠结来源，学习已有的思

路，并通过练习使之内化，一样有效甚至事半功倍。

当孩子解不出应用题时，父母就鼓励他看看答案吧。很多父母总觉得："看答案就等于扼杀孩子的独立思考能力！"但摁着孩子的头要他冥思苦想的结果是，既无法提高他的解题能力，还加深了他对数学的厌恶感。

我们完全可以说："做不出来就看看答案吧。"孩子看了正确答案，厘清解题思路后，父母再说："你看，这道题原来应该这样解。下一道也是同类题型，你就拿它练一下手吧。"

孩子做出了下一道题，我们就要夸赞他的悟性："你真是一点就通！"孩子自己用过一遍，才能把这个方法消化吸收。

光看或光抄答案没有意义。父母一定要让孩子在理解答案的逻辑后，做对一道类似的题才行。孩子做不出新题也没关系，记下答案，下次再见到类似题目时能手到擒来就好。如此学习，既省时又高效。

高效话术：

"做不出来的题目，咱们就看看答案吧。"

文科：历史漫画也营养丰富

有些孩子天生喜欢文科，记忆历史年号易如反掌，甚至连教科书都能整本背下来。但也有很多孩子提起文科就发愁——何必要学这些无聊又艰深的学科？

对于后者，我推荐历史类的漫画读物。市面上有很多以历史为主题的漫画作品，父母可以挑选符合孩子喜好的，让他通过漫画修复自己与历史的关系。漫画是有魔力的，慢热男孩会越读越痴迷。

历史漫画久经市场考验，大多情节精彩，制作上乘。其描绘的朝代更迭与天下兴衰比教科书里的讲解更鲜活立体，大多数孩子会边看边感叹："历史真有意思！"

爱读历史漫画的男孩是幸运的，因为他们能在不知不觉间便记住大量重要的年号和历史事件。

孩子读完漫画，父母可看一眼书名，向孩子"请教"一些书中的历史问题。如果孩子能与父母畅聊史实，运用自己学到的知识，接下来便会对阅读更感兴趣了。**学习历史，能让慢热晚熟的男孩体会到成长和成熟的感觉，让他们有一种"我不是小孩了"的成就感。**

　　除了漫画，历史类的纪录片也是一门学习利器。纪录片里，历史和地理往往不分家。经常看此类纪录片，能打开眼界，看到更深远的喜怒哀乐、金戈铁马，亲近更广阔的山峦起伏、人间沧桑。

　　我们还可以带孩子去近距离观察甚至触摸历史。史迹遗址、寺院庙宇、博物馆等，都是与先人们隔空对话的静谧空间。眼前这些似乎还带着余温的文物会让孩子爱上那些远去的峥嵘岁月，让他或屏息凝思，或茅塞顿开。

　　父母偶尔还可跟孩子来场速问速答，看看他的小脑瓜里都记住了哪些历史知识。父母要及时夸奖："你真厉害！很多初中生都不知道呢！"然后继续发问，让孩子不断收获成就感。

　　孩子如果答不出来也没关系。父母知道答案就告诉他，不知道也可以说："妈妈/爸爸也不清楚，咱们一块查查去。"自己亲手查出来的答案，一定能记得更牢。

　　高效话术：

"武则天时期发生了什么重大历史事件啊？"

文科：一起去行万里路，就是一起去学地理

一家人的旅行就是行走在天地间的亲子地理课，专治孩子的"地理厌恶症"。当我们乘火车抵达或路过某个历史名城时，我们可以告诉孩子："这个站叫××站，历史上的××事件就发生在这里。"于是，假期旅行也能是一堂沉浸式的文综课。

大多数男孩都喜欢轨道上的旅行，途中他能记住不少新地名，这比坐飞机更有乐趣，更有收获感。

父母如果事先备好了导游书，就能在途中一边赏景，一边解说当地风物了：

这一带盛产大米。看那一望无际的稻田，太壮观了！
远处就是 ×× 河！

父母不停地给孩子带来新鲜刺激感，可以让他收获广博的知识与丰富的体验。山川风貌皆能与孩子耳中的地名、常识、故事联系起来，在他脑中留下立体的印象，构建起系统的知识网络。

只有身临其境过的孩子才能悟到"行万里路"的真谛，用视觉

和味觉记住的地理知识会更加生动、真实。

出发前，父母也可以让孩子先了解一下目的地的风土人情。等他真踏上那块土地时，父母就可提醒他："这里就是那座 ×× 山了哦，出发前你专门了解过的。"

回家后，孩子最好能复习此行学到的知识，哪怕把地理教材上的相关章节再读一遍也好。父母也可以时时提醒孩子去回想学到的知识，不断加深记忆，如看天气预报时，我们就可以对孩子说："刚才那里就是咱们上次去过的地方，果然经常下雪啊！"

父母还可以以旅行目的地为圆心，拓展孩子的知识半径，如："这个地方旁边就是 ×× 县①了。""横向上排在这条河后面的是×× 河。"

我女儿备考小升初的地理时，曾疯狂背过地名。那真是"背"水一战，让她几近崩溃。后来有一次旅行，我们到了一个叫作"盛冈"的地方，途经一条河时我对女儿说："看！那就是北上川，你背过它的名字。"女儿豁然开朗，激动不已："原来它在这里！"这就是用心在学地理，把知识刻进了骨髓和灵魂。

---

①日本的"县"是其省级行政单位，不同于我国的"县"。——译者注

孩子们都有着强大的记忆力，能把新知识来者不拒地记下来。如果父母再对他们辅以实际体验，就能让他们记得更加牢固了。

高效话术：

"这一站叫作××站，历史上的××事件就发生在这里。"

文科：至少把省级行政单位①搞明白

小学生学地理，至少应该把自己国家的省级行政单位记下来。父母可以在家里贴上自己国家和世界的地图，让孩子时常能看到。这种不刻意的学习，可能会效果惊人。

---

①都、道、府、县都是日本的省级行政单位。其中，"都"指东京市（日语里称为"东京都"）；"道"指北海道；"府"指大阪市（日语里称为"大阪府"）；其他的省原则上都被称为"县"。——译者注

过去，很多家庭都会把地图贴在卫生间里，让孩子如厕时顺便认认各地地名和各个国家。这种方法成效大都不错，堪称碎片化学习的典范。

不过一贴了事解决不了任何问题。道理还是老道理：学习就是重复、重复、再重复。我们要时常把孩子往地图上引："今天背了什么新地名吗？""有没有记住一个新国家呀？"如此，孩子上厕所时便会饶有兴致地看一下地图。

孩子地理学得好，成年后跟人打交道时也就更能打开局面。面对同事、客户或新朋友时，他能就对方家乡的风土与物产侃侃而谈，让人一见如故。

我们想通过聊地理拉近与他人的关系，只需要问对方一句话："您老家在哪儿啊？"这对销售工作来说意义尤为重大，家乡话题聊到位，单子可能也就谈成了一大半。但如果客户说了自己的家乡，销售人员却一脸迷茫："您是××县人，这地方在哪儿啊？"那客户肯定会怀疑销售人员的知识水平，这单合作大概率要失败。地理知识说对了是宾主尽欢，说错了便可能冒犯对方。父母要告诉孩子："等你长大工作了，同事、客户一定来自五湖四海。你要是熟知他人的家乡事，那样便能很快和大家打成一片。想想看，如果远方的朋友对咱家这边的情况特别了解，你是不是也很开心啊？那现在就要好好学习地理知识哦。"

父母多跟孩子聊聊这些知识将来的作用，孩子的兴致和接受度就会提高不少。

孩子还应该多关注国际新闻，至少应了解一下邻国动态。把新闻与地理知识结合起来，能让孩子把新闻事件理解得更透彻。

高效话术：

"今天背了什么新地名吗？"

理科：兴趣是理科恐惧症的解药

理科让人既爱又恨——爱它和恨它的孩子泾渭分明，且由恨转爱难于上青天。但恨是有解药的，那就是兴趣。父母常用科学理论解释身边的事物与现象，恨理科的孩子便会逐渐发现理科的妙趣与功能。

让慢热晚熟的男孩早开窍

我们这代人年少时有很多"玩"科学的机会，比如会动手做收音机等业余水平的无线电装置。那时的高中生甚至能组装简单的电子计算机（类似于后来的台式电脑）。

生活中，男孩可以有很多途径去感知并爱上科学。男孩如果喜欢汽车，爸爸就可介绍发动机的构造，以激发孩子对机械的兴趣，**通过汽车为他打开通往科学殿堂的大门。而孩子一旦入了门，便可以去广泛地了解火车、飞机、机器人等更高级的"科学大玩具"。他将以兴趣为动力，去学习更多的机械知识。**

博物馆、科技馆常有横跨生物、物理等多个学科的模型或教具。孩子能通过实地观察和亲手操作来与教科书上的原理互动，各种声、光、电、磁一定能激起他澎湃的科学激情。

当年的《科学》杂志深受孩子们的喜爱，大家尤爱它每期附赠的科学玩具。现在的市场上，寓教于乐的科学类杂志更加丰富了。

父母可以去搜索孩子们爱读的科学类杂志，然后协助孩子去完成杂志附赠的游戏或小工程。任何动手操作都是在体验科学，孩子越玩就会越有兴致。孩子哪怕只是组装一下电路开关、种一些花花草草，都是在亲近科学，他定能有所启发。

很多妈妈自己就深陷数学拖延症、理综恐惧症等泥潭，提起理科就唯恐避之不及："谁会喜欢这些东西！"但父母是孩子躲都躲不掉的老师。我们必须把自己从泥潭中拖出来，关注生活中的科学现象，追求真理，给孩子树立榜样。

此外，电视节目也可以是很好的科学入门课。看一看你就会发现，生活中，学习科学的资源其实相当丰富。那就好好利用吧！

高效话术：

"这期杂志送的科学套装不错，一起玩玩？"

理科：图鉴书是每个客厅的必需品

小学低年级孩子要学好理科，关键靠记忆。此时孩子需要做的是积累常识，如背下种类繁多的动植物名称。所幸孩子们都有很强的记忆力，能像海绵一样吸收新概念。

绝大多数孩子一开始都能学好理科。只是随着年级上升后，知识体系会越发复杂，对孩子的分析推导能力要求也越来越高，孩子对理科是恨还是爱，此时会初见端倪。

如果孩子的理科体验一塌糊涂，动不动就困惑："这是什么原理啊？哎，烦死了！"那他将来正式学物理时，多半只能学出满脑子的厌恶与抗拒。

此时，父母要及时表扬孩子的背诵成果："你懂得真多，太厉害了！"孩子便会相信："我是学理科的料，我喜欢这些东西。"

要让孩子主动去记科学知识，可以借助图鉴书的力量。

我小的时候，家家户户的客厅里都摆着百科或图鉴书。虽然这些书大多面向成人读者，但孩子也会随手翻看。久而久之，他会觉得自己见多识广，俨然是个大人了。

年幼时，我也喜欢家里的图鉴书，虽然翻看时许多内容会不求甚解，但也很是入迷。图鉴书成就了我此生的阅读初体验。喜欢文字读物的孩子可以尝试阅读《西顿动物故事》《法布尔昆虫记》等。但若孩子对大段大段的文字哈欠连连，那就让他看图鉴等图片类书籍吧。

被图鉴书喂大的孩子，胸中藏着大千世界的种种奇妙之处，不可能讨厌理科。父母不要跟孩子的天资和个性较劲，不应该强扭他的阅读喜好与学习习惯。我们要思考的是："怎么做才能真的帮孩子提分？"这个出发点能帮父母把握住原则和底线，不让孩子对理科越学越恨。

高效话术：

"你懂得真多，太厉害了！"

理科：此事要躬行

如前文所述，实验能力和抽象思维让小学高年级成了理科学习的第一个分水岭。部分孩子能轻松上手，但很多孩子会被难住。孩子进入高年级前，记得住知识点就万事大吉了，但进入高年级后却不能只知其然而不知其所以然。于是有些孩子便被一些看上去高深的题目击倒了。

擅长想象和理解的孩子往往听得懂口头讲解，我们可以耐心教给他理论知识及其底层逻辑。但如果孩子就是听不懂也想不明白，**那我们就陪他去观察现象或做实验吧。**

过去，孩子常有机会静下心来研究科学，如仔细观察夜空中排布的星座。把知识学得鲜活又通透，孩子才能在考场上敏锐又自信，甚至还能发现："这题感觉不对，出错了吧？"

我小时候喜欢组装收音机，这在当年平平无奇。但动手操作确实让我深入理解了许多电学知识，如电流和电阻的原理等。

现在的电器已高度智能化，小朋友很难玩转了。但实验中的学习依然效率高且效果好。

父母要多陪孩子玩科学实验，在实操中引导他去感知事物的运转逻辑。**我们可以看科学节目，然后一起动手复现节目里的实验。**"看"和"做"缺一不可，否则孩子只会感叹一句"这个厉害"而已。当他亲眼看到甚至亲手制造出某个现象时，才会真心叹服于科学的神奇与伟大，明白什么叫作"纸上得来终觉浅，绝知此事要躬行"。

不过，看电视和做实验也不一定能百分百保证孩子爱上科学。电视台只能介绍技术含量低且安全系数高的实验，那些实验通常一试就灵，但缺乏挑战性。

我当然不鼓励任何以身涉险的实验操作。但依葫芦画瓢算不得真正的科学实验，孩子觉得实验无聊也属正常。而真正的实验是为了求知求真，可能非常危险，甚至会遭遇多次失败。

所以我们可以在保障安全的前提下鼓励孩子自由探索。他可能绞尽脑汁，只想出了一套漏洞百出的方案，或一通操作后得到了一个莫名其妙的结果，但他也会在失败中不断进步和变强。这样愈挫愈勇的行为值得钦佩，因为它才是科学精神的本质。

高效话术：

"这种现象是真的吗？咱们做个实验看看吧！"

英语：背范文，像美国人那样学英语

初学英语确实需要"磨"耳朵。但很多孩子却只磨耳朵不开口，磨了几年，也还只能做两句简单的自我介绍和寒暄。学英语不是为了应付小学的考试，而是为了服务于高考和今后的人生。

想把英语学得流利自如，我建议孩子们大量背诵例句和范文。

我在美国留学时有个朋友。他三岁的儿子来美国不到三个月，就无师自通地说出："What are you doing now?" 这句话用到了现在进行时，属于小学高年级语法范畴。但在三岁的孩子看来，这就是一句常用的固定搭配。

成年人听到 "What are you doing now" 时，总想在心里跟随音节去找对应的单词 "what" "are" "you" ……及其拼写形式。但小孩子就没有这些负担，他们学得自然而狂野：听到有用的句子便一股脑记下来，想说的时候再一口气说出来。只要记住的基本句型足够多，他们就能应付日常生活了。

日本人的英语口音大多不标准。对此，孩子在背句子时，可以把句子的语音语调也背下来，这样就无须在说的时候手忙脚乱地给每个单词分配高低语调了。久而久之，孩子的英语发音会非常标准，至少清晰易懂。背诵还能锻炼听力，因为一段段声音会被转化成一条条词组信息储存在孩子的大脑中。听英语时，孩子以词组为单位在脑中提取信息，快、狠、准。他们与成年人不一样，成年人非要把听到的每个单词恢复成拼写状态，再根据语法知识把全句重新翻译一遍。

想想看，美国小孩学英语时也没太专注于词汇、语法。大人自然地说，孩子就默默地记。记的句子多了，他们想说什么时，自然就能找到需要的那一句。

如果孩子记忆力尚可，不排斥背诵，那就让他背吧。这正是美国小孩学英语的方法，也是能把英语学到母语水平的方法。小学阶段（特别是小学低年级阶段）正是记忆力的巅峰时期。若孩子在此时积累了足够多的句型和表达经验，以后学习长难句时就容易多了。母语人群的学习路径也不过如此。

高效话术：

"咱们就学美国小孩学英语，管它三七二十一，先把这些句子背下来，再模仿他们那个调调去说吧。"

英语：不能忽视读和写

现在，日本的英语教育非常重视听和说，但我觉得这不妥当。

学外语时，读和写也很关键：孩子的读写能力会影响到他的听说能力。

过去，日本人把英语学得机械又琐碎，口音也极重。但那时大家的读写能力并不弱，表达观点没有问题。

现在，日本的英语教学方式变了天，以"听说"为纲了。孩子们的读写能力在急速退步。仔细想想，那些孩子写都写不出来的长难句，他们又如何能流利地说出来呢？很多孩子把简单的寒暄语说得很溜，但要针对某个问题表达自己观点时，他们就瞬间哑口无言了。

我认为，日本的英语教育过于重视语法了，老师们常常把一个知识点掰开揉碎地讲。但同时又极其忽视读写，讲完语法便将重点放在听说上，以为孩子理解了，嘴和耳朵就会用了。

日本人对听说能力的崇拜简直让人瞠目结舌。但美国人评价一个人的英语水平时，却不以听说能力为唯一标准：一个人只要能透彻理解新闻报道，并用文字表达意见，就能获得青睐。不管他的口语表达是多么地笨拙迟缓。

美国是个移民国家，很多人的听说能力都不弱，但较差的读写能力限制了他们的发展，导致他们只能做些辛苦而低薪的工作。一个移民如果有较强的读写能力，找到一份高薪工作的可能性就大。

第 4 章
各学科必杀技——方法对了，第一名凭什么不能是我

　　我女儿就读的初中有不少小海归。这些孩子曾在海外生活多年，英语听说完全没问题：看电影不需要字幕，跟外国人沟通毫无障碍。小海归们学英语也分为两类："吃老本的"和"继续用心学的"。

　　前者自诩英语已经过关，便无心再求精进。后者就要现实得多，知道自己的英语水平只能应付日常生活需要，读写尚有不足，所以会继续学习英语。两类孩子英语水平的差距会越来越大，当然后者会更出色。但话说回来，我们也不用把学习英语看得过重。未来是人工智能的时代，机器翻译迟早会让人类免于语言学习。我们与其在学习英语的泥沼中焦心劳思，不如让孩子先把母语学好，把母语的读写基础夯实。

　　高效话术：

　　"能表达自己意见的英语水平，才是高级的英语水平。"

第 5 章
父母为之计深远

孩子的一生很长。眼下学校的这些考试，以及未来的小升初，甚至高考等考试，都远不是他们真正的人生大考。

当孩子走出校园，向社会迈出第一步时，他们才迎来了最重要的考验：自己能不能独立活下去，应该在哪里活下去，会活得怎么样。

步入社会这一刻，意味着他们要离开父母独立生活了，同时也要开始学习如何与一群陌生人共处、共生。

这一课很难。他们不能随波逐流、唯唯诺诺，也不能四处讨好、蝇营狗苟，更不能自以为是、八方树敌，招来别人的反感和孤立。父母都希望孩子有气节也有分寸，懂坚持也知进退，在圆融与个性之间找到最好的平衡，活得从容不迫。

这一切都需要长久的准备。万丈高楼看似平地而起，实则都有深入地底的坚实基础。

儿童时期的操练和积累至关重要。父母应该怎么帮助孩子呢？

本章就要讨论这个问题，我们一起来看看，如何为子女"计"得深远，且要"计"多远、多深。

尽信媒体不如不信媒体

一直到我的孩童时代，日本社会都崇尚学习，重视学历。可惜受经济条件所限，老一辈们大多未能如愿求学。能继续攻读学业对那个时代的人来说是一种荣幸和财富。

20 世纪 60 年代末 70 年代初，日本开始反思应试教育，媒体开始猛烈批判升学备考。这波风潮扭转了大众对学业的崇拜，从此我们展开了所谓的"快乐学习"甚至"不学习"运动。

彼时我处在升学备考的风暴核心点上，正在为备考滩中学而头悬梁锥刺股。但我突然发现，媒体风向已转，身边尽是对升学考试和备考行为的批评。

报纸在声嘶力竭地痛斥："考试，只能考出一群高分低能的人！"或呐喊："还儿童以自由、人性！"电视剧中也出现大批反派学生角色，他们通通都是考试的高手、人格上的恶魔。

那些让我获益匪浅的备考书，被极端的批判声包围着。我突然感到狼狈又困惑。

幸而我还是考入了滩中学，但我入学后才大为震撼，或者说不齿于这场批判。光我们班就有三四个同学来自记者家庭，这比例畸高得让人心寒，我心想："媒体人真是说一套做一套，撒谎都不带脸红的！""你们这些记者挥刀斩向升学考试，麻痹其他孩子，却让自己孩子偷偷努力、厚积薄发，这金蝉脱壳玩得可真妙！"这件事情让我痛悟到了一个道理：媒体之言不可尽信。**真正让我愤怒的不是他们对应试教育的批判，而是他们的言行不一。**

时至今日，这些冠冕堂皇的批判仍然存在，时而见诸媒体。它们可能影响孩子们的判断。如果我们看到一些过于片面的批判，一定要告诉孩子："媒体的话不能尽信。我们要把握好自己的目标，好好学习，好好备考！"

忍住，别说这句话：

"大家都说学习好的孩子性格不好。"

备考是社会生存的实战演习

"妈妈，为什么我非得学习呢？"

妈妈很难把这个问题糊弄过去。其实我们可以分享我们的见解，告诉孩子学习是对未来人生的一种演练，且这种演练极其逼真有效。

首先，学习，尤其是应试备考，要求孩子积累大量知识。孩子不仅要快速消化这些知识，还要把它们分门别类地在头脑中储存好，考试时能按需取用，不卡顿不混淆。

一个人管理知识的能力，取决于他理解、积累和取用知识的能力。这将决定他将来在工作中能解决多大的问题，且能解决得多快多好。我们的大脑中必须有足够的信息存储和分析工具，并对信息进行有效的提取才能找到问题的突破口，否则我们只能如没头苍蝇般乱撞。在学生时代，孩子一定要利用备考来练好知识管理能力。

其次，备考能帮助孩子了解自己的学习水平，以及找到最适合的学习方法。

孩子要摸清自己的优势与短板，给考试目标、志愿填报设定学习的优先级，量体裁衣地确定各个科目学习间的轻重缓急，如此才能完成备考战略的制定。

如果孩子离目标总分有 20 分的距离，他可能会在一番分析后决定："接下来，语文和数学要各提 10 分。"他必须学会把时间花在刀刃上，用优势科目争取快速进步，而无须在弱势科目上耗费无效的努力。这当然不是对弱势科目放任自流，对弱势科目的基本投入依然不可少，只是他要在优、弱势科目之间做好取舍，把握好分寸。

商场如战场，商业精英也时刻在做着同样的战略规划，不能创造利润的产品要及时砍掉；有竞争优势的部门应获得更多投资，以更多地占领市场份额。效率和成果永远是商业世界里的黄金标准。

再次，备考可以强化时间管理能力。根据考试节点倒推复习计划，对孩子现在的学习和将来的工作都很重要。

备考能培养的能力还有很多：面对目标坚持不懈的意志力、战胜无聊和挫败感的能力、较强的理解和分析能力……这些都是一个人解决问题的武器，让孩子将来在处理问题时不会左右为难，犹豫不决。

高效话术：

> "备考训练的作用绝对利大于弊，它会让你的一生都受益。"

你可以很强，但不要把轻蔑写在脸上

有些好胜心强的男孩，容易去攻击别人的弱点：

××性格成绩都不行，没救了。
我就是看不惯××的这一点，太讨厌了。

父母不免担忧：这小子成绩凑合，但情商太低，得教教他怎么做人了！于是父母脱口而出：

你怎么能这么刻薄地对待同学？
这话是能随便说的吗？你不能做没教养的人。

今天如果你被别人这么说，心里会高兴吗？己所不欲勿施于人啊，你懂不懂？

父母抢占道德的制高点，便对孩子一通说教。但孩子听到这些话的反应却是：说真话就要挨骂。

人都有两面性，这个世界本来就允许大家拥有两副面孔的，对外的态度和内心的感受可以背离。父母要引导孩子直面并接纳自己的真实感受，但要用正确的态度和话术去对外沟通。

我们首先要感谢孩子的信任与坦诚："你把真实想法分享给妈妈，让我感到自己很受信任。我非常开心。"

然后我们再继续说："妈妈很理解你，因为我也有看不惯别人的时候。不过在学校里，这样说别人坏话会有什么后果呢？搞不好这几句话会给你树敌，招来别人的孤立和反感。那不如咱们干脆就把这些话藏在心里，不要说出口。对不对？"

我们的原则是：**孩子在家可以畅所欲言，随意发表意见，但在外要注意礼节和分寸，不能让自己过足了嘴瘾，却伤害了别人。**

进入青春期后，孩子交心的对象会从家长逐渐过渡到朋友。如果一个孩子一说真话就被打击和否定，那么他就逐渐不会表达自己的真实感受，从而也无法交到挚友，因为他不懂如何表达自己，也不懂如何信任他人。

高效话术：

> "谢谢你把自己真实的想法告诉妈妈。"

学霸无须取悦他人

前文说到父母要教孩子处理好他的真实感受和对外沟通之间的分寸。其实孩子对那些学习不如自己的人的取笑，也来自孩子的自尊与骄傲，这几乎是一种强者的"本能"。

自爱是人的本能。人喜欢根据自己的禀赋制定一套价值观：自己做得好的事，就是最重要的事。

学霸孩子自然信奉"万般皆下品，唯有读书高"；运动能手认为跑道或球场上的挥汗如雨才是真的酷；"校草"男生坚信群众最有发言权——女生认可的帅才是真的帅。

有些孩子还会尽力给自己找补，他们成绩再差也照样吐槽学霸："那些尖子生土里土气的，脑子都读傻了。他们成天就知道听父母的话死读书，就是一群妈宝！"

不论哪种心态，它都是人类正常的心理活动——求胜求关注而已。**父母要因势利导，让孩子相信："学习好才是真的帅，能大大弥补其他方面的不足。"**孩子形成了积极向上的学习观，接下来自然就会努力了。

遗憾的是，日本社会潜藏着一股不健康的风潮。当代媒体，特别是电视剧，总在丑化学习好的孩子，挖空心思地要扭转"学习好才是帅"的价值观。

在我小的时候，媒体的报道里也常有一群只会埋头苦读的小学霸，他们老土木讷、了无生趣，而会运动的孩子才阳光帅气、令人瞩目。最近几年日本社会又开始关注起孩子的幽默水平了，会搞笑的孩子才叫帅。于是成绩好的孩子也恨不得要转型为脱口秀演员，尽管他们并不擅长于此。

其实班级里的人气都是假象，这个小环境能产生多高的人气？孩子们追求的价值大多都很随意，就是人云亦云。孩子们何须去迎合这些没有营养的标准？

"哪怕你不幽默，不受同学欢迎，那也没关系！在妈妈心中，学习好才是真厉害，什么都比不上会学习！"这才是鼓励孩子的正确方法，他应该被父母坚定而正向的价值观治愈。就让孩子把学习当作最酷的事情去追去拼吧，让他理直气壮地对自己说："我成绩好，所以我最棒！"

高效话术：

"你又不是脱口秀演员，没必要让所有人都笑。"

不让情绪脱缰或牵着自己的鼻子走

我的另外一本关于情绪管理的作品承蒙读者厚爱，销量喜人，但也招来了许多误解。有的读者将其解释为："人应该学机器人，压制所有情感。""人应该摒弃感性的情绪和反应，越超脱越好。"

这与我真正的主张大相径庭。**我自己就是一个情绪既敏感又容易激动的人**，遇到让我不爽的事情或场景时，我的情绪会崩溃得如同火山爆发。

情绪是一种自然的心理反应，不可能被压制或摒弃，但可以被管理。理性的人能让情绪流向无害的方向，不让自己被它协迫着走向万劫不复的深渊。他们不会动不动就被他人的只言片语扎出满心伤痕。

如果你的孩子是晚熟型，发育慢一步，那他可能在情绪管理上需要更多的引导。

我们一说情绪管理，大家便会觉得这是在说克制和隐藏自己的情绪。但克制并不是情绪管理的全部——如何与他人共情、如何回应他人的情绪需求、如何表达自己的关心，也是情绪管理的重要组成部分。

父母或许会听到孩子说："大家现在都在做那件事，我也要做！"表面看上去，孩子不以自我为中心，在积极地融入集体，但父母要仔细观察，这到底是在融入集体，还是在讨好他人呢？一味地以外界为标准，处处迎合周围人的判断，与理性的思考可没有一点关系，这只是变相的情绪化从众而已。

很多心理学实验已证明，人类有着天然的从众意识。很多时候，哪怕对自己没多少好处，人们也会下意识地选择服从集体。

所以，孩子天生就有随大流的本能，父母还任由他刻意迎合大众标准，那不就进一步扼杀了他独立思考的能力吗？我总说，不要让孩子跟着感觉或情绪走。孩子分析问题时，要以目标为导向，找到对自己来说性价比最高的路径：

这次他人的判断很准，可以实现你的目标，咱跟随吧！

这事儿不能听大家的，他们的判断有问题。要找到真正的好方法，才能实现目标。

如此，把为人处世的标准改为能否实现目标，而非是否随大流，才是正解。

高效话术：

"大家的决定不一定就是最好的，你可以有自己的想法。"

没朋友，没关系

"儿子完全交不到朋友，愁死我了！"看到孩子社交不力，妈妈们常常焦虑不安，年轻妈妈们更容易方寸大乱。

当年，我女儿也没什么朋友。小学时，她去参加学校的集体活动。大巴车上，其他同学都是两两相邻而坐，唯独她是自己一个人坐。妻子送行时看到女儿这苦兮兮的一幕，顿时万箭穿心，回家后愁眉苦脸地问我："怎么办啊？孩子太孤单了。"

妻子的话并没有给我带来多大压力。我回道："这不是孩子的问题，是环境的问题，给女儿换所学校就好。"后来我们便没有选择那所小学对应的直升中学，而是让女儿去参加了小升初的选拔考试，考入了其他学校。不论如何调整，我全程都没有心生一丝担忧或焦躁。

因为父亲的工作关系，我在小学时代经历了 6 次转学。我总是那个新来的陌生小孩，不断被人孤立和欺负。母亲发觉了我的惨状，却从未对我说过任何泄气或埋怨的话，她不会对我说："你得跟大家好好相处，融入集体才行啊！"也不会说："你这样不行，要加把劲儿才能交到朋友。"而是对我说："那些欺负你的人才有毛病。""咱们好好学习，用分数打败这些人！"正因为这些鼓励，我化孤独为动力，在学习上卯足了劲儿。

这个世界对孩童时代的友情看得特别重，很多人说："童年时的朋友才是真的朋友，'手帕交'才纯粹又美好。"其实每个人的情况不一样，至少我小时候就没有得到纯粹而美好的友情体验，反而

第 5 章
父母为之计深远

长大成人后，我才交到了一群三观合还谈得拢的挚友。

成人世界里的朋友才是真朋友，因为我们有了独立的判断能力和自由的选择权，且更能给彼此带来真正需要的慰藉和价值。

如果孩子在小时候对自己的朋友圈过于上心，生怕交不到朋友，于是百般逢迎、左右讨好，那他反而可能会失去真心与真性情，长大后成为一个唯唯诺诺、无聊又无趣的路人甲，同样会孤独寂寞。

在未来的人工智能时代，当下一半的职业可能会被先进的机器取代。孩子如果没有个性和独立思考力，只会迎合和跟随他人，恐怕会是第一批被机器取代的人。

学校不是孩子唯一的世界，如果他在校内交不到朋友，那就去校外看看吧。 当年我在校外玩得好的一个朋友，至今仍与我保持着联系。天大地大，交朋友何须局限在校园里呢？

忍住，别说这句话：

"小时候交的朋友最宝贵，你要好好跟大家相处啊。"

遇到校园霸凌是可以报警的

校园霸凌是对身心的双重虐刑。但很多孩子即使被霸凌，也不会告诉父母。他们不想父母看到自己这副失魂落魄的模样，不想父母担心难过。太多顾虑让他们开不了口，只能默默地一个人承受。

当年的我自己即是如此。幸而彼时，我身边的倒霉蛋不止我一个，我们还有个小团体，它专门收编那些被霸凌的受害者。团体里的朋友们是我当时唯一的救赎，是我黯淡世界里的一道光。

解决霸凌问题的第一步是让父母了解情况。所以父母需要获得孩子的信任，让孩子遇到事情时能有意愿和勇气跟父母沟通。

平日里，父母就要营造出轻松的沟通氛围。家本来就是港湾，而不是法庭。我们可以常常对孩子说："万一有人不喜欢你、找你茬或者欺负你，你都不用怕，告诉我们就好。遇到问题跟大人商量再正常不过了，你完全不必害羞。"

这样，孩子才会知道："我的爸爸妈妈一定是站在我这边的。""有人欺负我，我就要找爸爸妈妈，他们会给我撑腰。"

孩子被霸凌后，父母首先要确定对方的行为是否已触犯法律。如果对方有暴力或恐吓行为，那他已经违法了，则应当机立断、报警为上。

校园霸凌问题已获得了社会的广泛关注，警方介入的案例也越来越多。虽然霸凌者并不一定都涉及犯罪行为，但接受警方问询也是一种心理压力，足以让他们被震慑一番。

学校是个缩小的社会，孩子们去学校上学也是在为将来的社会生存做预演，那校园霸凌又为何就要被限制在学校内解决呢？社会问题就要用社会法则和社会资源来解决，该报警就报警，该处罚就处罚。

如果施暴方有触犯法律的行径，我们一定不要在被窝里默默啜泣着等天明，也不要冲动地跟那些坏蛋决一死战。我们要立刻报警，寻求法律援助。毕竟依法行事，邪不压正，才是社会的运行法则。

高效话术：

"别怕，爸爸妈妈永远站在你这边，我们保护你！"

智慧化处理轻量级的捉弄

孩子不会总遭遇违法级别的霸凌。对于偶尔的言语中伤、有意冷落，父母可采取不同的策略。社会上难免存在素质低下的人，校园既然是社会的缩影，那也就无法避免。

但如果我们一遇到程度尚轻的欺负或捉弄，就要跟学校或对方家长闹个鱼死网破，那就实属小题大做了。这甚至还会让孩子感到难堪，他可能会想："把这些委屈告诉妈妈爸爸，也只是让他们担心而已。""爸妈若知道了，肯定要来学校大闹一场。干脆不说为好。"

父母的过度反应让孩子关上了沟通的大门，以后可能连孩子在学校的日常信息都得不到了。

孩子被人捉弄，如果程度轻微，没有给孩子带来太大的伤害或阴影，那父母把应对方法教给孩子即可。父母无须亲自下场。孩子将来进入社会后，一样要面对残酷的职场，一样可能会被挖坑或甩锅。那我们不如就从校园开始，教孩子练习如何应对这些麻烦事与麻烦精。

首先，我们自己不能输了气势，不要被任何霸凌事件吓得惶恐难安。如果孩子看到父母表现出一副凄惨的模样，他肯定就更绝望

142

了:"哎! 没人能帮我了。"

然后, 我们要鼓励孩子把这些骚扰当作白噪声:

这些人不是你的朋友, 朋友怎么会欺负你呢? 既然不是朋友,
就无须在意他们的言行。
被这种人疏远没关系, 他也不是咱们该尊重的人。

接下来, 我们要给孩子希望, 让他知道眼下的波折对于整个人
生而言就是小打小闹。孩子的经历有限, 容易误把此刻当成永恒。
我们的职责就是把未来与远方展示给他看, 让他有所期待。这场对
话由父亲来展开效果更好:

很多颇有作为的人在小时候都被人欺负过。这种例子太多了,
爸爸跟你说啊……
眼下的痛苦都是序章, 你的人生还没开始呢。未来才可期, 才
有一切可能和真正的幸福。

爸爸不妨先做做功课, 找些小时候历经坎坷但长大后功成名就
的名人故事来增加可信度, 不断跟孩子聊未来, 给他注入希望, 如
此, 孩子就会找回勇气。

我们也可在家庭之外帮孩子找到希望的源泉。学校里有心理老
师或辅导员的话, 不妨让孩子去和他们聊聊。

除此以外，不同的环境也能给孩子带来希望和朋友。

运动队、乐团、特长班等都有不同的老师和学生，对孩子来说这些地方可能就是一方没有霸凌的净土。孩子只要能在一个新环境里被温柔以待，收获真诚和尊重，就能找回自信心和归属感。

高效话术：

"这些人不是你的朋友，朋友怎么会欺负你呢？"

会教书才是好老师的基本功①

日本校园剧喜欢塑造热血的老师角色，他们个个都能拯救学生于危难或歧途中。他们满腹奇招，总能剑走偏锋地把孩子拽回正

①作者在本节表述的观点我们不能认同，我国各级学校都负有立德树人的使命。——编者注

道。但是我们很少看到这些老师是如何进行正常课堂教学的。他们似乎只关心孩子的思想和行为问题，而让孩子们好好学习这件事对他们来说则可做可不做。

电视剧为博人一乐，夸张些也情有可原。但父母和孩子如果真把"热血度"与老师的教学水平画等号，那就入戏太深、本末倒置了。

行为上出了大问题的孩子，需要去专业的矫正机构，而非普通学校。矫正机构的老师们在专业能力和沟通方法上都比普通学校的老师更胜一筹，懂得如何引导在价值观或行为上跑太偏的问题孩子，让孩子们回归到正确的成长道路上。校园剧如果演的是这些老师，那确实合情合理。

但普通学校的责任并不是矫正问题小孩，而是帮助学生为将来的社会生活做准备和打基础。孩子在学校积累的是必备的知识，锻炼的是基础的能力。

对普通学生而言，好老师的首要任务就是把书教好，传道授业解惑，把课程大纲内的知识点落实到位，并帮助孩子们在考试中提分。我们应该牢记这个标准，它比"热血度"更有现实意义。

说到这里，我想给大家介绍一位教育专家——小河胜老师。小河胜老师于 2008 年进入大阪市教育委员会任职。他亲赴教学前线，在好几所教学质量堪忧的初级中学坐镇，并有针对性地实行了颇具特色的教学改革，比如让学生们练习百格板算术等。

这些学校的孩子本在学习上早已自我放弃，也被人放弃。面对百格板这种幼稚又麻烦的东西，想必他们只会摔桌抗议吧。但结果出人意料，所有孩子都兴致盎然，练得非常认真、投入。

其中部分孩子仿佛被唤醒了心中沉睡已久的学习斗志，对百格板算术倾注了极大的热情，发誓要在比赛中一举夺魁。输给谁都不服气，必须自己赢！ 小河胜老师才是凡人英雄。他找到了突破口，帮助学生主动回归课堂，切实提高了学生的学习能力。他的指导方针与教学策略堪称行业标杆，远比屏幕里的热血老师们更加专业和务实。学校老师最该做的就是激发慢热男孩的斗志，让他们敢吃苦、愿打拼、想获胜。

不过伯乐难求，我们不可能要求每位老师都是小河胜老师。有的老师确实没法帮孩子提高成绩，此时就需要父母介入了。我们可以试着帮孩子寻找口碑好、能力强的老师。

男孩必须要有男人味吗

男子汉大丈夫，坚强点！
你给我像个真爷们儿点！

第 5 章
父母为之计深远

生活中，父母会不会下意识地说出这些话，把所谓的男子气概压在孩子肩头？其实这些说法可能有失偏颇。**虽然我一直强调要让孩子有斗志和勇气，不畏挑战、敢拼敢赢，但这应该是一种健康从容的好胜心，而不是人们给男孩打的"真爷们儿"标签。**

我在美国留学时，发现那里与日本不同。美国崇尚强者文化，强者概念深入人心。好莱坞大片也爱展示这种硬汉形象，主角通常威武雄壮。没有男人味的男性角色都是小配角，只能被取笑和攻击。

但矛盾的是，美国社会又有很多地方反对这种男性霸气。在美国的公开场合，一个成年人如果发言不当，被认为有歧视女性的嫌疑，就会招来八方攻击甚至网暴。事态严重的话，他甚至会被公司解雇。

在美国，教育孩子要做的事情，和孩子们进入社会后被允许做的事情，往往两相背离。这叫人如何不压抑、不困惑？所以我不赞成父母在育儿时推崇极端化的男性气概、"真爷们儿"气质，它很容易让孩子陷入大男子主义和男性霸权的陷阱中去，而孩子进入社会后又会被暴击一顿。现在日本社会也在努力去除男性优先的文化。政府鼓励女性在各行各业尽展才华，女性精英也在不断涌现。

时代的车轮滚滚驶过，我们不要再用上一代的观念去教育男孩了。总用所谓的"爷们儿"气、男子气概来约束孩子，只会让孩子

痛苦，让他进入社会后不断碰壁。我们当然要教男孩养成好习惯，但要注意话术，有效的说法不是"别羞答答的，你得像个男人"，而是"这才是正确的做法，你做到了就很棒"。

忍住，别说这句话：

"你要是个男人，就给我拿出点男子气概来！"

第 6 章
"慢热男孩"的逆袭之路——面临升学时
如何及时调整学习方法

9 岁是男孩成长路上的一座大山。

这座山横亘在孩子的思维方式的转型之路上，要求孩子用一个更深入和成熟的视角来看待万事万物。9 岁的男孩需要改变自己思考问题的策略和习惯，从"机械型思考"转变为"分析型思考"，才能翻越这座大山。

这座大山峥嵘崔嵬，万一孩子的思维方式没有及时转换到位，他思考问题的角度、宽度和深度就无法匹配下一阶段的学习要求，就可能影响他之后学习的结果。

但父母不必焦虑，孩子一定能翻越这座大山。父母能做的就是相信孩子的潜力，安静期待并陪伴他的成长，同时帮他找到最适合的翻越路线。

9 岁是座山

9 岁的男孩在思维方式上需要翻山越岭一番。这段征途谁都推不掉，也绕不开。这座山需要孩子改变思考习惯，转换学习和吸收知识的方法。

9 岁之前，孩子的头脑会如海绵般尽情畅快地吸收信息。喜欢铁路的孩子能轻松记住一连串车次、每条线路和每个站点名称。痴迷恐龙的孩子背恐龙的种类和名称时，简直信手拈来。此时的他们擅长**机械记忆**，思维方式简单直白——遇到新鲜事物，可以不求甚解地完整记住所有信息。

到了 9 岁，孩子们则需要开始发展"分析型思考"的能力，要学会理解甚至推导事物间的关系了。

随着分析能力的提高，孩子们记忆知识的方法也转为了**联想记忆**。9 岁以前，孩子脑海中存储的信息与经验都是一个个杂乱无章的点。9 岁以后，孩子需要找到这些点之间的关系，把它们连成线、结成网，缔造出独属自己的知识体系。这个过程离不开细致的分析能力和清晰的逻辑思维。

所以，9 岁就是从"机械型思考"向"分析型思考"过渡的时期，需要翻过一座思维的大山。根据这种变化，学校的教学科目其实也有相应的设计和调整。

另外，每个孩子的成长节奏不同，不一定会刚好在 9 岁与这座大山狭路相逢。有的孩子 8 岁就翻过去了，有的孩子则要等到 10 岁甚至更晚才能翻过去。

所以我们才知道，不同孩子翻山的时间节点可能会不同，早或晚都不是问题。只是晚熟型孩子会在 9 岁左右产生一种无力感："为什么我已经尽力了，却还是学不好？"

既然这是先天因素造成的晚熟，那就很难用勤奋来解决。一只还没长出翅膀的蝴蝶幼虫，再努力也飞不起来，这无可厚非，但也确实会给孩子的学习拖后腿，后面我们还会详细讲这个问题。有种说法是：30%~40% 的孩子在 9 岁左右都会经历一个阵痛期。他们在学习上付出了艰辛的努力，却得不到应有的成果。

幸而这座大山只是难以翻越，而不是不可翻越，每个孩子最终都能战胜它，父母无须为了这座山而焦虑恐慌，更不能把自己的负面情绪转嫁给孩子，动辄责怪他醒得晚、懂得慢。男孩里晚熟型居多，他们的发育和成长不以速度为亮点。但你一定要相信，他们可能爬得慢，但这并不影响他们未来能到达的高度。孩子需要我们坚定的支持与温柔的守护，这是他们最想要的后盾。

9 岁的大山是一个路标，提示我们要帮孩子调整学习方法了。从下一节开始，我会介绍一些思路，供诸位父母在帮助孩子调整学习方法时参考。

9 岁之前怎么学

在遇到 9 岁的大山之前，孩子学语言简直如有神助。1~5 岁的小朋友能"不过脑子"地吸收父母等周围人使用的词汇、搭配、句型，然后一个个、一组组地照搬着使用，完全不会纠结于词汇或语法的规范问题。

所以，父母要多跟幼儿说话，尽可能让他被正确的母语表达包围。如此，孩子的语言能力才能突飞猛进，不至于在错误和困惑中

原地踏步。电视或广播节目的音频也能提供规范的母语发音，不妨让孩子多听。

这一切的奥妙就在于这个年龄阶段的记忆方式——**机械记忆**。

孩子记某个事物时，只是让它进入脑海中，不会深究其具体意义，更不会考虑它在知识体系中的位置，所以每个信息都是孤立地存在着的。孩子大脑的存储量极大，他们的眼睛和耳朵如同一对超级挖掘机，能源源不断地往脑海里输送新知识。我们可以鼓励孩子好好利用这一优势，尽量多记基础性的知识，为后续学习做好准备。

缺乏常识和信息，大脑就没了思考的地基，就根本无法进行分析和判断。这一点跟电脑非常类似。电脑需要的是操作系统和基本的办公软件，否则就成了个没用的铁盒子。电脑之所以看上去"无所不能"，主要归功于各种软件的加持，如办公软件、计算软件等。

如果孩子还没有翻越 9 岁的大山，没有完成由机械型思考向分析型思考的转变，那么父母也不用心急火燎地给他增加额外的学习量，此时刷题对孩子来说为时尚早。此时我们只需把机械记忆的价值开发、利用到最大化即可。原则上那些能通过死记硬背就摆平的事情，就让死记硬背去摆平吧。

第 6 章
"慢热男孩"的逆袭之路——面临升学时如何及时调整学习方法

总有民间教育大师批评我，他们说让孩子囫囵吞枣地记忆知识点就是让孩子放弃思考，知识的记忆要建立在理解的基础之上才理想。

各位专家，请好好想想：为什么孩子在"死记硬背"时如此地高效？为什么当他进行所谓的理解记忆时，反而痛不欲生了？抛开实际谈理想，或抛开能力谈目标，都是空谈。

孩子擅长进行机械记忆时，父母就应该鼓励他多去记汉字的书写形式，以及各种定理、概念等。当孩子发现他能轻松完成学习任务时，他就会对自己的学习能力产生极大的信心，这是提高孩子学习成绩的最强武器，也是他成长路上的无价之宝。

此外，我建议让孩子们在这个时期进行英语的启蒙，特别是幼儿阶段。年龄尚小的孩子是耳朵里听到了什么，嘴上就说得出什么，如此，他们可以跳过中间那段痛苦的词汇积累、语法分析。如果孩子接受度高，父母甚至可以让他适当涉猎一些更高难度的英语单词、多做基础计算练习。

每天坚持计算练习，是一种强有力的头脑健身，可以把脑子里的"肌肉"练出来，提高大脑的爆发力与耐力。这可以激活思维的"硬件"，对孩子今后学习更难更复杂的知识至关重要。

9 岁后用"三步法"夯实记忆成果

当孩子翻越了 9 岁的大山之后，他便进入了联想记忆时期。他会发现烧脑的应用题、复杂的几何题、语文阅读题的解答开始变得有规可依了，做起题来也渐渐能游刃有余了。

从此，孩子的有效学习就要经历三个步骤：第一步是**铭记**；第二步是**存储**；第三步是**取用**。

第一步的**铭记**是指孩子把一个新知识点理解透彻后，放入头脑中合适的位置。我开发的"背诵数学法"就很适合这个步骤，孩子一开始要做的是理解给定的解题思路，并进行记忆。

第二步的**存储**是指孩子将头脑中存储好的知识进行固化，让它历经时间的考验后仍留在脑海中。

第三步的**取用**是指孩子随时都能调用这个知识点，可以按需使用。

9 岁以后，孩子对新知识的学习一定会经历上面这个过程。如果他学得非常刻苦，成绩也没有起色，父母就要和孩子一起复盘，深挖到底是哪一步出了问题。

我们再看看如何帮助孩子提高每一步的学习效率。首先在**铭记**阶段，孩子不能再使用机械记忆了。幼时的好记性似乎已抽身而去，不求甚解地猛记只会让孩子感到力不从心。此时开始，他的大脑需要深入理解每个知识点的含义，及其在知识体系中的定位了。"理解"成了重中之重。

其次是**存储**阶段，此时，依然是重复为王。大脑这个器官真是"天性懒惰"。一个被理解过的知识点，如果不能被多次重复，就一定会被大脑忽视并逐渐遗忘。所以，孩子要通过有规律的复习来引起大脑对已理解知识的重视，命令大脑乖乖记住自己想让它记住的东西。

最后是**取用**阶段，这里的关键是"输出"，即实际运用。当孩子学习了一种计算题的解法，就要在应用题里去使用它。一个能被自由运用的知识点才可以作为大脑思考的工具，而非大脑里的一堆占位符。孩子只有彻底玩转了这个知识点后，取用的速度才能大大提高，才可能实现条件反射——看到题干就直接想到解法，无须在大脑中翻找和比较各个知识点。

此外，孩子还可以跟小伙伴做对抗练习，你出题我来答。然后交换角色，重复练习。若身边的同学没学明白，孩子也可以当小老师教同学。给别人讲题是一种神奇而高效的取用练习，能让大脑没有死角地记住这个知识点的全部细节。毕竟，如果自己都学得稀里糊涂的，哪里还经得起别人的提问，又如何给别人讲透彻呢？

我们可以对补习班说不

在孩子翻越 9 岁大山之前，父母能如何在学习上帮助他呢？是不是应该报个补习班？怎么报才好？

我的观点是：没有必要报补习班。此时，孩子真正该做的是在家里养成良好的学习习惯。小学低年级的那些知识点，大部分父母都能轻松辅导。

我们常听人说："东京大学毕业的父母，更容易培养出东京大学的孩子。"若此话真有理，那也不是因为父母身上带着东京大学的基因，而是因为这些父母已经掌握了学习的诀窍与备考的策略。家里的大学霸能培养出小学霸，是因为父母自己就是过来人，明白如何有效学习。这些点拨才是学霸基因能代际传递的秘密。

读到这里，有读者要担心了："我又不是东京大学这类顶尖大学毕业的。我当年读的是所普通大学，也没有积累什么学习诀窍或备考策略啊！"父母不要以为当年自己没学好，现在就只能放弃教孩子的学习了。我们即使不知道该怎么教，也能重新翻开书，跟孩子一起学。任何事情，不论起点有多低，做总比不做更容易成功。

还记得第 1 章里我介绍过的佐藤妈妈吗？她总是不厌其烦地与孩子一起尝试新的学习方法，其中也包括我的"和田式学习法"。她的教育理念是："他山之石，可以攻玉"，如果攻不了，那就换座山。父母是孩子学习旅程上最亲密的战友。在过关打怪的路上，帮孩子判断方向，找到最合适的路径，我们责无旁贷。

别把小升初择校①变成自讨苦吃

小升初是选择越多，烦恼就越多。特别是一线城市的父母最为纠结：要不要为全家心中的白月光学校拼一把？这几所"白月光"

---

① 日本的中学分为三种——公立中学、国立（都立）中学和私立中学。其中，公立中学实行学区制，即就近入学，不需要选拔；私立中学需要学生参加选拔考试；而国立（都立）中学以研究型教学为主，即为日本的教学改革做现行探索，也需要学生参加招录选拔考试。按照中国义务教育政策与相关法律法规，小升初是不需要升学考试的，大多为免试就近入学。——编者注

中哪所最好？这些问题太复杂，以至于大家可能忽略了最重要的问题：咱家孩子适合哪所学校？

即使孩子有冲劲，父母还须回答另一个问题：大人选的学校适合孩子吗？各校招生试题都展示着自己对新生的喜好，但父母往往只考虑学校的声望和优势，忽视了孩子的能力结构是否匹配学校的需求。最后，孩子考试失利是其次，整个择校的经历可能给孩子带来的只是沉重的心理打击。

填报志愿时孩子才是主人公，但他常常只能看着大人一言堂地决定自己的命运。这对孩子的自尊心与自信心来说也是种暴击。我们应该把各个目标学校的以往试题收集到手，跟孩子一起分析哪所学校比较适合他。

另外，每所学校都有自己的风尚和价值观。这些取向也会体现在招生试题里。如若孩子以掏空自己为代价，考进了一所父母眼中的王牌学校后，他才发现自己与这个校园格格不入，学校的整个气场、每个角落都在劝退自己，那才是个悲剧。

还有一种情况的孩子就更可怜了，他们属于晚熟型，或是早产儿，或是缺乏小升初考试所需的那种气质与灵感。让现在的他们去拼小升初考试，无异于以卵击石。如果父母逼孩子去考，那定是用一场学习上的飞蛾扑火换来了孩子精神上的心如死灰。

如果孩子确实不适合参加小升初选拔考试，父母也不必灰心丧气。前路遥遥，我们把目光放长远，直接瞄准高考即可。日本还有个奇特现象，很多大学会从其附属中学里录取大量的保送生。这些附中的孩子们是一入中学便一只脚跨进了大学的校门。但他们往往也因此懒散懈怠起来，在中学便把学业荒废了。

他们中很多孩子如果在中学时发奋，是有希望考进东京大学的。而一些保送生因为考入了一所可以直升大学的中学，可能会温水煮青蛙般地了结了自己的天资，保送去了那所"看上去也还凑合"的大学。这种例子一抓一大把，让人叹惋。

日本的小升初考试没有统一的标准，各所中学在挑选新生时更加侧重看孩子的潜力与灵性。但高考却是另一套体系，公平又透明，只看考生的努力程度与实际水平。如果孩子没参加小升初选拔考试，那就走一条"硬核道路"，直接以高考为目标去提升孩子的学习能力与成绩即可。

填志愿时要追的光与要躲的坑

孩子参加小升初的选拔考试，一定要尽早定下志愿。提前一两年决定目标，孩子就有更多时间进行规划和调整，更能强化优势和查漏补缺。且目标越明确，动力就越强。如果孩子浑浑噩噩地混到五六年级才悔不当初，那此时他不论如何努力，也追不上目标了。

确定目标的过程中，我们需要找来各个备选学校的历年试卷，看看孩子和题目的调性是否匹配。

其实我们让孩子用某所学校过去一两年的试卷做个模考，就能把分估个八九不离十了。我们的目标是考上这所学校，而不是在考试中得第一名，所以孩子在考试前能拿稳卷面六七成的分数就有希望了。但首先，我们要搞清楚孩子的优势科目和劣势科目分别是什么；然后深入分析试卷，全面把握命题人出题的方向、难度、分值配比等；最后综合以上两方面的信息，才能判断出这所学校是否适合孩子去考。

偏差值①不是万能的指标。一个孩子的偏差值再高，也不一定就能顺利考上。相反，偏差值较低的孩子，也有可能逆袭。日本的小升初不是标准化考试，每所初中在录取新生时都有各自的偏好。我们要选准目标，找到最适合孩子的赛道。

---

①偏差值指一个孩子的成绩在学生总体中的顺位高低，有类似于排名的功能。同一个群体中，一个同学的偏差值越高，成绩就越好。反之亦然。——译者注

第 6 章
"慢热男孩"的逆袭之路——面临升学时如何及时调整学习方法

填报志愿当然是为了找到最适合孩子的学校。不过我们还有一个紧要任务，即确定保底的学校。分析历年试卷不能仅限于自己喜欢的学校，择校的范围要扩大，大到足够我们找到一个可以保底的学校。

这些判断不能由父母一手把持，孩子的兴趣与意见也同样重要。他自己定下的目标，能激起他更强的主动性与韧劲。

我身边就有个例子。有个小男孩在小学高年级时沉迷于打棒球，几乎天天都泡在儿童棒球队的球场上。有一天他机缘巧合地去观看了一场高中棒球赛，被一所大学的附中球队深深吸引，便按捺不住要加入这所附中。可惜当时已是六年级的暑假了，冲击那所附中，对他来说无异于用百米冲刺的速度去跑马拉松。但是这个孩子没有轻言放弃，因为梦想的轮廓已经近在咫尺。他拿出了自己全部的拼劲与潜力，一场猛冲后真的及时过线，成功"上岸"，被梦寐以求的那所附中录取了。

我当年报考滩中学，也有一个听起来令人哭笑不得的理由：滩中学对学生的着装和发型不做要求。那个时代的公立中学要求所有男孩必须剪寸头，但我对这种发型难以接受，所以才选择参加小升初选拔考试，报考私立中学，为滩中学和发型自由拼了一次命。

有些男孩好胜又敏感，每输给女孩一次，自尊心便被摧毁一次。这样的孩子最好去念男校，反正输不起躲得起。**在男校就读的**

孩子，可以免于被女同学降维打击。孩子能学得更舒畅和自信，状态自然也能更勇猛。

"高考工厂"的鱼与熊掌

在孩子小升初择校时，除了校风以外，父母最该看的就是每所中学的高考升学数据了。

现在的父母都相当清醒，考察中学时很是务实，恨不得把它之前的毕业生一个个抓出来看：看分数、看出路。升学数据狠狠地拿捏着各所中学的招生命脉——毕业生考得好，当年的新生就招得好，反之亦然。一所私立中学的升学数据如果惨到拿不出手，就可能招不到学生了。父母拿不准学校的校风时，就直接看它的高考升学数据吧。

在用升学数据说话的学校里，有一种学校叫作"黑马校"。它的录取线并不高，但其毕业生的去向却很好，即俗称的"加工能力"很强。这种学校抓起学习来，简直不讲人情、不惜代价。老师布置作业时毫不手软，考查学生的学习成绩时铁面无私。"黑马校"也被称为"高考工厂"，它们着实担得起这个名号。

这种学校最适合自学能力不强，但被老师拖着拽着也能跻身中等偏上梯队的孩子。孩子若配合得好，最后也能考上重点大学，如早庆上智 GMARCH 系列①。高考目标定在这个范围内的话，"黑马校"真是明智之选。

另外，一所中学可能排名不高，口碑也一般，但如果能让孩子在努力中收获进步和成就感，形成"只要努力我也能行"的自信，就可能在孩子的高考路上发挥强大的助推作用。

当然，择校时除了要考虑学校的升学数据、校风、教学风格、自由度等因素，父母更不能忽略孩子的个性与喜好。把这些因素结合起来，给各个学校算个"综合分"，才能得出最适合孩子的择校策略。

---

①这是日本九所知名私立大学的简称。它们虽不是顶级大学，但排名已相当靠前，这些大学包括早稻田大学、庆应义塾大学、上智大学、学习院大学、明治大学、青山学院大学、立教大学、中央大学、法政大学。——译者注

第 7 章

环境对了，便再无"慢热男孩"

没有一个催人上进的环境，孩子如何能时时向学、主动读书？

　　一个能让慢热男孩上名校的家庭，一定是在家庭的硬件和软件（教养的养成等）上都下足了功夫的。

　　治水讲究疏而不堵，向学也应该由内而外，自发而行。父母要用一种舒服自然的方法，营造出学习的氛围，绝不能用恐吓或压迫的方式去逼孩子学习。

　　全书的最后，让我们再次梳理一下，父母应该如何做才能真正激发出孩子的最大潜力，让孩子实现名校理想。

　　愿父母能从中获得些许启发。若大家能从中挑出适合自己的几点启发，并着手实践，那就善莫大焉。

　　希望我们能给孩子创造一个轻松又积极的学习环境，让学习成为他们的另一种"呼吸"，重要且寻常，高效又平和。

妈妈的以身作则成就"慢热男孩"的坚韧不拔

男孩要练意志力，最好的老师就是妈妈。妈妈身上都有一种坚韧不拔的特质，是孩子最有效的学习榜样。当然，培养男孩的意志力最好用点方法，这样妈妈们不至于心力交瘁。

首先，妈妈要通过摸索各种学习方法，助孩子在茫茫学海里捕捉到第一个成功体验。这是让孩子找到学习感觉的第一步，也是最关键的一步，能让孩子相信自己，并把接下来的每一步都走出得自信又坚韧。妈妈的这种摸索不失为一种示范。

"打铁还需自身硬。"要帮孩子练就坚韧不拔的品性，父母自己先得成为有目标感和自控力强的人。

如此看，全职妈妈更有优势，在子女的教育上能投入更多的精力和时间，源源不断地给孩子带去爱与示范。

但我不认为妈妈们都要为此放弃事业，回归家庭。成年人不做选择题，事业和家庭当然可以兼顾。如果条件允许，妈妈尽量给育儿多分配一些时间即可。

另外，就算爸爸没有时间，妈妈也不要在孩子面前抱怨："我也要工作，回到家还得管这么多事，爸爸一点忙也帮不上！"这只能让孩子失去安全感和被爱感，让他觉得："我的妈妈不爱我，不愿意为了我付出。"

忙归忙，只要使点"巧劲儿"创造机会，让孩子体会到妈妈的爱就好，比如给孩子做做饭，或每天跟孩子聊聊天。孩子一定会高兴地想："我的妈妈不论多忙也没忽略我！"

做饭和保持亲子沟通看上去很花时间，但妈妈们不要以过高标准要求自己。对职场妈妈来说，爱意传达到了即可。

首先，做家务是有轻重缓急的，无须处处追求完美。

最近便利店或超市卖的成品菜质量已大有提高，口感和卖相今非昔比。对速食品、冷冻食品的添加剂用法、用量管控也越发严格，食品质量越来越高。

如若工作日，妈妈没时间下厨做饭，食用这些食品也无妨，周末再亲自下厨，如此，便能把工作和育儿都兼顾到了。在我眼里，抓孩子的学习，远比给孩子做饭更有意义。

其次，如果经济条件允许，请家政阿姨来代劳也是个好方法。

双职工家庭在收入上往往没那么紧张。对这些家庭来说，向专业人士求助解决家务问题，才是把钱花在刀刃上。

每月用一定额度的钱请家政小时工，能让妈妈从家务中解脱出来，让妈妈在职场上获得性价比较高的舒适感，何乐而不为？

鉴于家政阿姨的成本问题，请大家在合理的计划内考虑方案的可行性。

打好爸爸这张牌

育儿路上，切莫低估爸爸的作用。

如果爸爸本人就是学霸，他便能直接教孩子很多学习要领。就算爸爸工作忙碌，没时间天天指点孩子，只要他每周能用一定的时间点拨一下孩子，也能很好地帮助孩子。

或许男孩对爸爸有天然的崇拜感，爸爸的建议常能给男孩带来巨大的共鸣和鼓舞，让孩子在找到答案的同时还能收获一份笃定。

我在为家长们提供备考咨询时接待过一对父母。那位爸爸毕业于东京大学，但他真的是亲子沟通上的反面教材。

这位爸爸总是忍不住凶孩子："这题已经这么简单了，你为什么还做不出来？"

语气虽伤人，但爸爸的出发点是，所有人都应该知耻而后勇。可惜很多男孩的思维是："连爸爸都看不起我，那别人就更看不起我了。"

爸爸应该给孩子提供坚实的支撑感和安全感，让孩子能时常感受到："爸爸都说了这样没问题，那肯定就没问题！"

爸爸即使学历不高，也应该努力获得孩子对自己的尊敬。爸爸在孩子心中没有价值和威信，可不是件好事。千万不能让孩子一提起爸爸就不以为然，比如："爸爸高考时考得一塌糊涂，好意思吗？"

一个人如果连自己的爸爸都不尊重，那将来不论走到哪里都可能目中无人，进入社会后肯定要吃苦头，甚至犯下大错。

树立爸爸的威信，不能靠叱责和暴力。爸爸们要多动脑筋，思考如何跟孩子沟通才能让孩子尊重自己。

从前，爸爸的形象是非常威严的。他们立场分明，说一不二。妈妈如果抓到孩子学坏犯错的现形，只需来一句"我要告诉你爸"，就能把孩子吓得立刻服软："我以后再也不敢了！别告诉爸爸好不好？"

所以爸爸可是一张好牌，在危急关头能被拿出来"镇场"，让孩子瞬间收敛气焰。此牌甚妙，我们在引导或纠正男孩的行为时可以多打、巧打。

父母的低学历也可以是一种"资源"

"学历"这个话题又要让我自相矛盾一番了。有些父母因学历而自卑，于是把学历这个话题当作禁区，以保全面子。但坦诚面对甚至"包装"自己的低学历，搞不好能"变废为宝"，让孩子悟到

173

学历的价值和时间的珍贵。

这种体会来自我小时候的真实经历。母亲常提醒我们兄弟俩："你父亲是吃了学历的亏，才工作得如此辛苦。你们如果不想像父亲那样辛苦，现在就得好好学习。"

在母亲的描述中，父亲供职的公司被一群"学阀"把持着，决策大权都握在几个大领导手里，且他们都毕业于同一所知名高校。虽然父亲也念了大学，但跟"学阀"们的母校相比，他的学校差的不是一星半点。于是父亲的升迁处处受压制。

父亲的口头禅是："凭我的本事，少说也该是个部门经理。但公司看重的是学历，总是提拔那些重点大学毕业的人！"单纯如我自然信了这番话，对父亲万分同情。

我很不服气：父亲工作这么拼，却要被学校的出身拖后腿，真是不公平！我要努力学习，考进重点大学。于是父亲的无奈化作了我奋进的动力。对于学习，我是憋着一股气，不遗余力。

后来回想，我不禁苦笑：我们兄弟俩是被母亲骗了啊！她的醉翁之意根本不是为父亲鸣冤，而是通过"包装"父亲的委屈，给我们兄弟俩敲警钟。

父亲的职场工作确实不顺利，但真正要怪的并不是学校的出身。他有些校友的人生就一帆风顺。在晚回家的日子里，父亲有多半是去打麻将了，而非加班。

暂且不论父亲冤不冤，若父母能坦诚自己在学历上的不足，借此将社会现实展示给孩子看，激发孩子的危机感，这反而可能是件好事。父亲可以说："我学历不高，现在吃苦受罪也只能忍了。但你可别走我的老路！"

进入东京大学后，我观察周围同学，发现大家分成了两类：一类是不想成为自己父母那样的人，另一类是就想成为自己父母那样的人。同情父母与崇拜父母，都能激励孩子产生远大的志向。你的孩子适合哪种话术，你需要根据他的性格来定，但不要纵容孩子蔑视父母，毕竟尊重父母是教养的底线。我们否定的是得过且过，而不是父亲本身。坚持好这个原则，孩子就不会看不起自己的父亲。

高效话术：

"我就是当年没好好学习，现在才得吃这些苦啊！"

运动特长班可以任性报

有一种班对孩子的身心成长大有裨益，每个男孩都应该报。那就是运动特长训练班。

任何运动项目，孩子是否练过是大不一样的。尤其是从幼儿园到小学阶段，孩子的运动水平几乎完全跟练习时间成正比。此时特长练习看的只是努力与毅力，根本轮不到天赋。

孩子刚开始起步训练时，父母的期待值不用过高。学游泳就是为了敢下水、游得动。孩子多一个技能傍身，就会多一些自信。只要孩子不是特别抗拒，那就让他广泛尝试各种特长吧。

在本书中我一直呼吁父母们要重视获胜体验给慢热男孩们带来的力量。不论任何领域，只要孩子能赢，他的斗志和自信就会增强一分。父母要制造机会让孩子多试、多体验，直到他找到属于他的那项特长，他会像挖到宝似地激动："原来这个项目非我莫属，谁都比不过我！"

市场上有很多运动项目训练机构供选择，很多父母选择项目时都会思考："哪个项目能给孩子的成长或升学带来最大的助益？"

但这过于功利，甚至本末倒置了，因为在特长上获得的"赢"比"利"更重要。

父母选择项目时要和孩子好好商量。训练过程中，孩子如果练不好某种运动，完全可以换一种。这跟探索学习的方法很是类似。试着试着，如果他发现某个项目感觉还不错，那就坚持下去，直至他确定这是自己钟爱的项目，或再次遇到瓶颈为止。

日本流行一种说法："**天才教育并不是造就天才，而是发现天才。**"这话确实有几分道理。"神级棒球"手铃木一郎、"花滑传奇"羽生结弦，都是专业领域里的天才。在天分面前，教育和努力的发言权有限。但是，若没有教练的指导，没有第一次上球场、上冰场的经历，铃木一郎还能成为棒球冠军，羽生结弦还能于冰面上翩若惊鸿、婉若游龙吗？

也许有粉丝要说了："天才的身体素质与心理世界的能量就是不同凡响。我偶像哪怕换一个项目练，一样能出彩，你信不信？"我当然信。但我不信他们离开了最适合自己的项目后，依然能碾压全世界的高手。这些天才运动员首先都应该感谢自己的父母，是父母让他们在幼时便从万千项目中试出了自己的"天选"项目。

"千里马常有，而伯乐不常有。"世界上一定有不少人在棒球天分上不输铃木一郎，但可惜他们没有在正确的时间邂逅棒球运动，因此成不了第二个铃木一郎。

父母是孩子最好的伯乐，若不想让孩子的才华被埋没，就要让他广泛地尝试。这的确很花费时间和精力，但也是发掘天才最有效的方法。一想到孩子将来可能取得的成就，我们就会欣然以赴了。

不过，我们要注意，不要同时给孩子报太多项目。集中力量，保证效果，一次试一个就好。

学习不占用睡觉时间

我们要保障孩子的健康，首先要保证他有充足的睡眠。备考小升初时，有的小学生每天只睡 5 个小时。毅力可嘉，但没有必要。

注意力减退的首要原因就是睡眠不足。

模范老师阴山英男曾在尾道市担任一所小学的校长。他想尽办法提升学生的学习能力，其中最有效的方法就是保证孩子们有充足的睡眠时间。

最近的脑科学研究表明，每天睡眠不足 5 小时会对记忆力产生冲击性的破坏。人类在睡眠状态中会对记忆进行固化处理，把海马体暂时存储的信息转移到大脑颞叶中去，使之变成长期记忆。所以睡眠的时间决定着记忆的效果。

一般说来，小学生每天要睡够 8~9 个小时，且低年级小学生需要睡够 9 个小时。如果孩子大脑成天处在睡眠不足的昏昏沉沉的状态里，那思考和分析当然无从谈起，且身体也将长期处于疲劳的状态。由此导致的学习效率低下，可想而知。

我们要让孩子维持高效且可持续的生活节奏。他应该每天晚上到点就上床睡觉，第二天早上再困也不赖床。他一旦把从早到晚的时间都做了规划，就要严格执行，让大脑习惯在该学习的时候全神贯注。如此，大脑才能在考试时快速进入状态，提供高效的注意力与分析力。重大考试基本上都被安排在了早上，或从早上开始，所以我们最好让孩子依此来调整作息时间，进行相应的时间分配。

因为通宵达旦的学习多少能带来些短期成果，有的孩子尝到了甜头，不论大人怎么催促"太晚了，快去睡吧"，都无济于事。每个人对睡眠的需求确实有差别，所以有些人坚信自己睡不满 7 个小时也可以。

孩子不听劝，那我们也只好等到他撞了南墙再去提醒了。等他某次考试不理想时，父母便可以说："这搞不好就是因为你平时睡觉没睡够。毕竟大家都说，如果睡眠时间不够，记忆力肯定是要衰退的。"

父母也可以等到孩子感冒时对他说："你看，睡眠不足的话，抵抗力就会下降，得一场感冒不是更浪费时间吗？还不如平时把觉睡足呢。"瞄准时机，循循善诱，让孩子乖乖睡觉。

高效话术：

> "这次没考好，搞不好就是你平时睡眠不足导致的。"

上梁正，下梁才正

评价一位专家或学者时，我通常不太看重其职称或名号。因为职称或名号有时候并不能代表实力。

我有个妙招，它可以帮我们判断一个人是名副其实还是浪得虚名：看他孩子的学历。这个方法乍一看有些荒谬，却出奇地好用。那些受人敬重的前辈家里的孩子通常也专心向学，成绩优秀，他们的孩子学历都不低。

第 7 章
环境对了，便再无"慢热男孩"

这种现象可不是生物学上的遗传，否则怎么会有那么多大学教授培养不出高学历的孩子呢？父母没做好表率，孩子怎么会主动学习呢？

看到自己的父母伏案耕耘时，孩子也一定会在心里升起求知的欲望。如果父母不懈钻研，那么家里一定私藏丰盛，书香四溢。孩子在图书馆般的环境里长大，当然会嗜书如命。只是在外人看来，这种全家共读的氛围很像是读书基因的代际传承[①]。

我的判断标准着实特别，虽然偶尔也有不准的时候，但这些年来很少失手。一般而言，父母学习的意愿、状态和孩子的学历是成正比的。

如果父母希望孩子主动学习，走向名校，那么父母一定要以身作则，先学给孩子看。

试想，如果父母一个月都不曾读过一本书，每天不是陷在沙发里看电视，就是躺平玩手机，那么他们催促孩子去学习时又有什么说服力呢？

如果孩子从小就被书籍包围，眼里看到的都是父母醉心阅读的

---

①代际传承：在社会学中，前后两代人，后一代人受前一代的影响并很难脱离上一代人的社会特征。——编者注

身影，那么他对阅读自然也会有一种天然的兴趣。如果餐桌上总放着几本父母读的书，那么书籍就成了他们心灵的"油盐酱醋茶"，是必需且亲切的。当父母遇到不熟悉的事物时，第一反应是翻开书籍研究查证，或上网去搜索一下，那也是种良好的示范。这是在告诉孩子，我们应该如何与这个世界亲近，如何获取和运用知识。

现在有超过半数的大人是完全不读书的，所以如果你读书——无论书的种类或深度，就已经胜过大多数家长了。你可以跟孩子分享读过的书，或推荐想让他读的书，但切记不要逼迫或威胁他。你哪怕只是在书桌前加班工作，这种勤奋投入的状态对孩子来说都是绝佳的榜样和示范。

客厅才是上网的地方

孩子可以上网吗？我对此事的态度一直是谨慎、保守的。如果条件允许，我甚至不希望给孩子的房间联网，更不建议父母让小学生自由使用手机。

现在的孩子仿佛是被网络带大的。但不论网络洪流如何来势汹汹，我们也不能把手机过早交给孩子，避免他早早便实现网络自由。

第 7 章
环境对了，便再无"慢热男孩"

日本警视厅的调查显示，交友网站和社群网站是犯罪分子通过网络对未成年人进行侵害的高危地带，仅 2015 年就有 1 745 起针对儿童的犯罪案件，其中涉及猥亵儿童、逼迫儿童卖淫等重罪案件。受害者以女童为主，但男童也未能幸免。

网络还可能让儿童成为伤害他人的一方，有些孩子肆意诽谤、中伤、歧视、孤立他人。在虚拟世界里，人们似乎是可以口无遮拦、为所欲为的。

网络还有一个令人担忧的问题，即网络信息的真实性与误导性。孩子是既单纯又认真的，他们常常会把听到的、看到的信息囫囵吞下。

有些信息假得太过夸张，不难辨别。倒是那种晃眼一看有几分道理但虚实夹杂的信息，才最是迷惑人。别说孩子，恐怕很多大人都不能逃脱这些陷阱。

我们对重大的犯罪行为多少有几分警惕，但我们的注意力不可能时时在线，这些潜藏的威胁很难全部被及时发现。

所以我们要把判断信息真假的方法教给孩子，让他学会在网络世界里明辨是非。为了达到这个效果，父母最好把电脑就放在客厅里，需要时便和孩子一起查询。如果孩子有手机，把手机的充电线也固定放在客厅，手机的使用应该以"在客厅"或"父母在场"为前提。

我家也得暴改客厅吗

老一辈家庭一般会准备独立的儿童房，让孩子在学习时能集中注意力。最近出现了一个新风潮，父母喜欢把全家人学习的空间移到客厅，集中在一起。

如此操作确实有几分道理。毕竟孩子一个人在房间时，有可能是在学习，也有可能是在看视频、玩游戏。

我们可以在客厅放置一张大桌子，营造出求知的氛围，供父母阅读和孩子学习时使用。对小学低年级的孩子来说，这种体验是在给其成长注入一股书香、一韵墨气。所以在孩子低龄阶段，父母大可撤去儿童房的书桌，让孩子和大人一起学习。

但注意，我们是在布置学习环境，不是在寻找药到病除的升学良方。日本有些教育杂志为了吸引眼球，给文章取名字时颇为夸张，我们可以看到《三招暴改客厅，把孩子"改"进东京大学》之类的文章。父母可不要真信了这包"药"，以为孩子能否被东京大学录取取决于家里的书桌怎么摆。

最重要的永远是结果。不论学习的环境在哪里，只要它能让孩

子集中注意力、提高学习效率，那就是一个好环境。有些孩子钟爱独立空间，一个人时才能专注学习；有些孩子喜欢图书馆，身边有人时自己更能投入精力；甚至有些孩子要边走、边学才能记得牢。选择权在孩子手里，父母让他自己去不同的环境尝试，挑出最舒服的一种就好。他喜欢在客厅学习，那么客厅就是最适合他的学习环境。

如果孩子确实想在独立的儿童房里学习，我们就要跟他说好，儿童房的功能只是学习和睡觉，不能夹带"私货"到里面，例如偷看手机。

电脑、电视、游戏机等一定要放在客厅，任何电子屏幕的使用都必须在这里进行。否则孩子每次进入自己房间，都要先玩两把游戏、过一过瘾才能开始学习，这当然有损学习的效率和注意力。

我心目中最好的儿童房布置方案是把睡觉和学习的空间区分开，用环境提醒孩子，此刻是应该学习，还是应该休息。

这个方案对空间的需求很大，大多数家庭可能实现不了。但如果大家生了二胎，准备好了两间儿童房，那可以把其中一间改成学习室，另一间改成卧室。

总之，环境是为人服务的，能帮助孩子提升学习能力的房间，就是好房间。所以孩子的习惯与需求才是父母设计房间时考虑的首要因素，没有哪个专家的方案是唯一正确的。

好教养带来好人生

教养是一种规则感和界限感，告诉孩子如何在家庭和学校里把握好行为的分寸，哪些规章和礼仪是利人又利己，必须遵守的。培养孩子具备良好的教养，对他将来走上社会意义深远。

教养养成系统看起来很复杂，但本质就是让孩子明白：在特定环境下，他该做什么和不该做什么。教养的规则对所有人都适用，包括孩子。父母不要因为孩子小，就处处包容宠溺，无底线地退让。

从我小时起，母亲就很重视培养我们兄弟俩的教养，我们必须谨言慎行，遵守道德规范。**我现在还记得，自从上了小学，我在地铁上就只能站着了。**因为地铁往往很拥挤，而座位应该让给老弱病残人士。

母亲不允许我们在地铁等公共场所大声说话，因为这会引起他人的反感。一旦我们这样做了，哪怕当着外人面，母亲也会厉声喝止。

母亲还会反复跟我们强调："法律是底线中的底线，违法犯罪的事想都别去想。"

我念滩中学时，有些孩子欺软怕硬，总是组团霸凌内向软弱的同学。不幸，我也是受害者之一。不过我从来没有想过用以毒攻毒的方式去报复回来，或去欺凌更弱小的同学。母亲的教育让我知道了善恶两分，且人应该明辨是非。如今回头看，我万分感激母亲的严厉与负责。

孩子长大成人后，要行走四方，接触各类人群。礼仪周全，光明磊落，会让他活得自信从容、堂堂正正。一个孩子如果从小在温室或蜜罐里长大，不知是非轻重、天理人伦为何物，那么进入社会后必将接受一轮规则和教养的洗礼，搞不好会生产可怕的心理阴影，从此惧怕与人接触。**培养孩子具备良好的教养，对他未来一生都意义非凡**。这个时代给男孩的压力已足够大了，父母把男孩的教养培养好，孩子才能从容地立足于社会。

表扬的技术要领

奥地利精神科医生、神经分析学家海因茨·科胡特[1]提出了

---

[1]海因茨·科胡特，自体心理学创始人，前美国精神分析协会会长、前国际精神分析协会副会长、前西格蒙德·弗洛伊德档案馆副馆长以及奥地利科学院成员。——编者注

一个概念，叫"夸大的自体"。这个概念的意思是父母给孩子的正向反馈，能激发出孩子强大的自信，这种自信就是一种"夸大的自体"。

小宝宝蹒跚学步时，父母都会表扬道："宝贝真了不起，走得真棒！"父母的惊喜会传达给孩子，让他也感到同样的舒畅。孩子会进一步想："我再学点新本事吧，一定会更厉害的！"此刻孩子胸中那懵懂的小野心就是科胡特说的"夸大的自体"。

这种诚挚的情感反馈会给他带来有力的自我肯定感。表扬的力量不可小觑。

很多父母误解了这个道理，以为表扬是越多越好，反正好话不怕多。

但是，**孩子对表扬也是有特定需求的，在某些场合和时刻，他会格外希望父母看到自己的成就。那我们就应该仔细把握孩子的需求，恰到好处地表扬他。**

女孩通常比男孩更能捕捉到别人话语中的言不由衷。如果女孩的父母成天像个蹩脚的演员似的表扬女儿，那很可能适得其反，引来孩子的嫌弃。女儿会想："这么夸张的表扬是什么意思？你们心里真有那么强烈的认可？"

但慢热的男孩就没那么敏感了。听到夸奖，他们便会当真，然后产生更大的勇气与好胜心，去接受下一轮挑战。

不过这个逻辑并不是永远成立的。随着男孩的成长，他也会变得敏锐，总有一天能听懂父母的言过其实或言不由衷。

如果父母一通乱夸，夸得不用心、不在理，孩子心里恐怕就会产生不快："这么点事情不至于吧！谁稀罕这种表扬？""这不就是瞎说吗？"然后他们反而没了士气，懒得再求上进。

所以我们不要为了夸奖而夸奖，要认真观察孩子的行为，把夸奖落到实处，夸出依据和逻辑。

有些父母习惯了用批评去激发孩子进步，但这些父母必须转变思路，努力挖掘孩子身上的闪光点："今天这件事你干得不错，跟以前比，进步显著！""你都能做这件事了，很厉害呢！"

父母的表扬应该既有理由又有感情，具体而真诚，如此才能深入孩子的心里。

高效话术：

"今天这件事你干得不错，跟以前比，进步显著哦！"

批评行为，不要批评结果

父母表扬男孩时还要格外注意一点：当孩子考了高分或做成了某件事时，父母的表扬应该具体生动，无所保留。但这是很多人做不到的。

教育心理学家、时任京都大学研究生院教授的子安增生教授说过："我们要表扬结果，批评行为。"我深以为然。哪怕孩子学得吊儿郎当，但成绩不错，那父母也该表扬他。

很多时候，父母看到孩子考了高分而沾沾自喜时，便免不了泼两盆凉水过去："你这就骄傲了？离成功还远着呢！"父母的本意是提醒孩子戒骄戒躁，但这种敲打最让人受伤，不要也罢。

第 7 章
环境对了，便再无"慢热男孩"

父母不能把"一分耕耘，一分收获"解读为瞎猫碰到死耗子。在父母看不到的地方，孩子可能也下了一番功夫。结果不错就值得表扬。表扬才能激发出孩子更多的动力与潜能，给他带来持续的成绩进步与能力攀升。我们高举"结果至上"的大旗，孩子才能专心投入，没有后顾之忧，想方设法找到效率最高的学习方法。

表扬就是表扬，无须因为月满则亏，便刻意把月亮挖残一块。有些父母表扬了孩子的成绩有进步后，便要加一句说教："你成绩确实不错，但情商低了点儿。""别只顾学习，体育训练也得抓紧些。"

父母都认为自己思虑周全，敲打得有力，结果却是让孩子瞬间泄气。孩子心里会想："我为什么就是讨不着好呢？爸爸妈妈总能挑出错来。"人无完人，我们不能要求孩子三百六十度没有死角。任何一件事，只要孩子做得好，他就值得一场纯粹的表扬。

就算我们忍不住非得加一句话，那也应该是乘风破浪、高歌猛进式的话，而不是当头棒喝式的警告或苦口逆耳的告诫。我们可以给孩子正向鼓励，进一步拔高表扬的高度："这次做得不错！你很有潜力，做其他事情肯定也没问题。"

高效话术：

"这次考试进步显著，你真是不错！"

表扬的时候要表扬结果

孩子考砸了，我们是绝对不能批评的吗？其实可以，但要批评的不是这次的成绩，而是屡教不改的行为。

男孩天生情绪起伏较大，是"既以物喜，又以己悲"的个中翘楚。考试失利，他自己就够难过的了。父母再声嘶力竭地补一刀："这种简单题你也丢分？"男孩只会心碎一地，进而抗拒学习。一旦他在心里认定了学习不好就等于痛苦和挨骂，那以后还想改善他与学习的关系，就难于上青天了。

很多家长很难控制情绪，会冲孩子发火，但这其实反映的是我们自己内心自信的缺失。此时真正的问题已不是孩子没考好了，而是家长被这个分数击中、击垮了。

表扬的时候要表扬结果，批评的时候要批评行为，这是一条雷打不动的原则。就算孩子考试不及格，我们也要能闭上眼睛，不去看那个触目惊心的分数。

这次考试不及格已是既定事实，做什么都无法扭转了。父母再骂孩子也只是发泄情绪而已。只要孩子能认真分析问题所在，努力改进，为下次考试做好准备，那么一切就还有希望。

但如果孩子不以为然，依旧吊儿郎当，不制订任何学习计划，甚至每天还沉浸在游戏的世界里无法自拔，那么父母就可以出手了。

父母要向孩子明确指出："上次考试失败后，我们说好了要努力提高成绩的，可你现在没有让我看到任何改变。你的计划是什么，又是怎么落实的？"

这样的批评才是把关注点放到了行动而非结果上。当然我们也不能只指出他的错误，最好还能提供一些建议，帮他解决问题。每个问题都有其根源，成绩不好可能是因为孩子学习不够努力，也可能是发力的方向不对。找到本质问题，辅以正确策略及时行动，下次就一定会有改变。

我们还要教孩子从失败中总结经验。碰到事情，第一次犯错尚不可怕，关键是要总结经验教训，下次遇到同类事情时能不再犯错。如果孩子不认真反思，一而再，再而三地跌进同一个坑里，那他就需要接受一通批评了：

这种错误你已经不是第一次犯了吧，反复出错有意义吗？
我们怎么做，才能避免再一次犯这种错呢？

人生需要有屡败屡战的精神，但不是在同一个地方老摔跤。

孩子要学会从失败中汲取教训，让自己永远能在挫折中实现螺旋式进步。

高效话术：

"如果制订的计划不能被执行，那一切就等于零。我们要行动起来！"

再想骂孩子，这三种骂法要不得

愤怒会让人变成"魔鬼"。但无论如何，父母也不要用下面三种方式骂孩子。它们可能会摧毁孩子所有的勇气和力量。

讽刺与挖苦

我就奇怪了，你能不能考好一次啊，哪怕一次都不行吗？

哎哟！得了这么点小成绩，你就得意了呀？

这些嘲讽，流露出的是父母的冷漠与轻蔑，是大人在套现自己身份的优越感。

一句"孩子别怕，继续加油"就能应对绝大多数危机了，父母无须用故意贬损的话术去刺激孩子学习。

遇到强势的父母，孩子只得长期压抑自己，不敢反抗或主动沟通。如果这些父母还极尽讽刺挖苦之能事，贬损孩子的自尊心，那么孩子的心必将感受不到爱，且充满怨恨。

责难与质问

这么简单的题，你居然都不会做，怎么搞的？
这个地方你还要错多少次才满意，错够了吗？

父母当然可以指责孩子，但这些没有意义的指责，只能让孩子叹息垂泪。但凡他知道答案，何须等到父母来发问？父母要这般威风，又能解决什么问题呢？

本质上，父母的发问就是宣泄情绪而已。孩子被逼到死胡同，只能默默地忍受责难，也只会越来越萎靡消沉。

反思失败无可厚非，每个人都需要从挫折中学习成长。最理想的情况，是孩子自己就有强大的自省力和纠错能力。但现实中很多孩子还是需要父母帮一把的。我们可以提供思路，然后跟孩子一起验证它，看看它是否能解决问题。比如，我们可以说："这个地方的计算顺序好像错了，你改过来看看？"

否定与打压

> 做多少次你都不会，真是没救了！
> 我没辙了，你只能这样了呗！

父母不论多失望，都不要说这些话。孩子做得不好，父母还要再次强调和羞辱，生怕刀没补够，这绝对会把孩子的自信心撕成碎片。或许父母的本意是要激起孩子的斗志，让他化悲痛为奋勇，但前提是，孩子原本就有极高的自我评价和强大的自信心。

孩子或许真会在同一件事情上反反复复地失败，怎么努力都无济于事，但父母也不能动辄崩溃放弃。我们要保持昂扬的自信，让孩子去尝试各个项目，并体验一次成功，比如告诉他："跑步不是咱们的特长，输就输吧。但你特别聪明，努力学习肯定能赢！"

成瘾是种病

我很看不惯日本的一个现象。大家总把"成瘾"归咎于个人的意志力不足，把所有的责任都推给成瘾的患者。

世界卫生组织（WHO）在 2010 年发布了《减少有害使用酒精全球战略》，倡议各国对酒类的营销活动进行严格的管控。管控的项目包括低价贩酒、畅饮服务、大力度的广告，等等。

日本的酒类电视广告展现哪些场景，完全靠厂商和媒体的自觉，但可惜大家都没什么自觉性。电视上堂而皇之地播放着人们大口豪饮的场景，没人关心消费者的身体健康问题。

除了酒类产品外，游戏、智能手机等容易让人成瘾的商品也霸占了电视广告的主要时间。

为了保护未成年人，政府出台了严禁成年人吸烟、饮酒的法律条令。其实背后更重要的原因是，这些尚未发育成熟的大脑，对易让人成瘾的产品更没有抵抗力。且一旦他们成瘾，危害会更大更严重。

我们既然已经知道，儿童的大脑是如此脆弱和敏感，那为何还要对手机、游戏、网络等产品网开一面，允许它们伤害孩子呢？

孩子对手机上瘾时，父母一两句"玩手机影响学习"的告诫是无济于事的。孩子戒不掉，不是简单的意志薄弱问题。父母要提高警惕，明白这些症状的背后是一种"疾病"，用治病救人的逻辑才能应对这个问题。

既然是病，早治就能早痊愈

想戒掉孩子对游戏的瘾，父母不能寄希望于孩子的自觉与自愈，而要亲自控制孩子玩游戏的时间。父母一旦出马，就必须说到做到，和孩子约好："每天玩游戏不能超过 1 小时。"然后雷打不动地遵守。

"多玩 10 分钟也不算过分，玩吧！""今天是周末，你想破个例也行。"父母的心软是对欲望的纵容。规则的威严性与其效果成正比，定好的规矩绝对不能被随意破坏。

游戏时长达到上限时，不论孩子如何苦苦哀求，父母也要果断关掉游戏机。禁断游戏的时间越长，孩子上瘾的程度就越轻，反之亦然。所以控时不容妥协。

我们知道，孩子是有些小手腕在身上的。父母不在家时，他们能有上万种方法偷偷摸摸玩游戏，还不会被发现。再细心的父母也防不胜防。那么父母在管控时，要如何应对孩子的小心机呢？

我做实习医生时，有位精神分析领域的老师教我道："孩子（特别是青春期孩子）都有种突破限制、打破规则的欲望。父母要采取迁回战术，比如定下'不怕你来破'的规矩。"

比如，父母规定好孩子每天不得晚于下午 6 点回到家，孩子一定会尝试晚归的刺激，因为挑战父母权威是他们成长道路上的功勋章。每挑战一次，他们的成就感就"爆表"一次。这种对抗是成长路上的必修课，且不见得只有坏处，父母倒无须担忧。

孩子也有自己的是非观，犯了错自然会有罪恶感，挨了骂心里也会不好受。只要父母及时发现问题并严肃批评，他们也就不愿再犯了。所以父母的最优策略是先把回家的时间规定为下午 5 点，然后在孩子破例后严肃批评。如此一来，孩子虽然"挑衅"了父母，但其实也遵守了我们真正的底线——6 点之前回家，还能记住教训，明白父母的规则不是说着玩的。

另外，我们不能放松对手机的管控。在日本，18 岁以下的未成年人不可独立办理手机号，必须由监护人代为申请。将来给孩子买手机时，我们就可以把规矩说明白，并且告诫孩子："这个手机不是给你随便玩的，如果你不遵守约定，那我要立刻收回它。"

孩子可能瞒着父母玩手机，甚至藏手机。我们可以明确告诉孩子："现阶段你必须接受父母的监督。玩手机没问题，但要在客厅玩，不能把手机带到自己房间。"

目标与奖励挂钩又何妨

很多人认为，"做得好就奖励"式的诱导不利于自驱力的培养。但我认为有条件的努力也是努力，方向对了就好，不用纠结动力是什么。

过度强调奖励，确实会让孩子变得"没有奖励就不努力"。所以父母要把握好分寸和话术，让孩子知道奖励是锦上添花，而非努力上进的前提条件。其实对孩子来说，以努力换成果，以成果换奖励，能激发出更大的成就感。我们要的是激励孩子为目标去付出、去拼搏。如果奖励有效，那它当然就可取。

想想看，我们成年人的世界是很公平的：一个人的价值与其贡献成正比。白手起家的人要想收入高，就要能力强，这个逻辑在哪里都成立。既然这就是社会法则，且孩子迟早也要面对，那我们何不让他们早早开始做准备？天上不会掉馅饼，孩子梦想的一切必须通过智慧和汗水去换取。这种信念是人生之本，也是他们将来心愿达成的必经之路。

小学低年级时，我们可以给孩子设定较低的目标，配以简单的奖励：

写完 100 个字，咱们就去买零食。

如果你在 30 秒内算出 10 道题，妈妈就给你做肉饼吃哦！

孩子渐渐便学会了接受规则，习惯了通过努力去获得奖励。然后我们就可以提高难度，给目标升级了。当然，奖品的魅力值也要相应提高。目标的设定很有讲究，难度太低会让孩子没有成就感，但难度太高又容易让孩子在起跑线上退缩。父母要反复尝试，找到对孩子来说最有激励效果的目标。

任何目标都要通过周全的计划和到位的执行力来实现。备考过程中，这种规划和执行的能力是不可或缺的。即使孩子不参加小升初选拔考试，我也强烈建议父母在孩子的小学阶段帮他培养这些能力。

不过每个孩子的个性不同，"奖励教育"也不是对每个孩子都有效。我对两个女儿都尝试过奖励教育，妹妹很吃这一套，但姐姐就不给面子。想必很多男孩也是同理，所以父母还应以孩子的反应为第一标准，设计最有效的激励体系。

高效话术：

"等你写完 100 个字，咱们就去买零食。"

名人故事是敦促孩子上进的催化器

名人故事对男孩有一股魔力，多读多看就能让他们的上进心汹涌澎湃。大多名人是历经了一番挫折才成就了伟业的。

有些道理听上去是枯燥的说教，但在名人故事里却能变得鲜活生动，这些故事会潜移默化地让孩子相信："再难的环境都不是绝境。""不要怪罪环境，很多时候是我的努力程度不够。"

提起不懈奋斗的名人，我便忍不住想起享誉世界的细菌研究学家野口英世了。他在幼时不幸被地炉烫伤了左手，左手手指粘连变形，落下了终身残疾。他的成长过程中，陪伴他的大多是周围孩子的嘲笑欺负。

在巨大的压力与痛苦中，野口英世常常不愿去学校。他的母亲因为儿子的伤残而深深自责，但同时也鼓励野口英世不要放弃学习："好好学习，让他们看看你的厉害！"在母亲的呵护与鼓励下，野口英世成了青史留名的细菌学专家，造福了整个世界。他的故事永远都是日本男孩心中的英雄传奇。

我最近刚好也读了诺贝尔物理学奖得主汤川秀树的自传，深受鼓舞。汤川博士在 42 岁时便获得了诺贝尔奖，但他没有躺在这登顶的荣誉上故步自封，而是保持着一如既往的研究激情，对科学事业倾注着全部的精力与心力。汤川博士说："我们不要以为自己已经知道了足够多的定理、真相、事实。所有给定的答案都有可能是错的，因为真理本身是浩瀚无穷又无限演变的。"

男孩们天生自带几分英雄情结，读了这些令人热血沸腾的故事后，就会主动立下远大的志向，或从医，或当科学家，而无须父母刻意的引导。

当一个男孩想复刻名人的人生时，他的心中便会光芒万丈。他会以理想为马，在泥泞里匍匐前进，于风雨中吟啸徐行。父母要做的是持续为孩子植入"名人真伟大"的理念，孩子自然会从善如流地奔向心中的光。

高效话术：

"这些名人真是太伟大了，让人不得不钦佩！"

语言表达从小练起

从 2020 年起，日本的高考将加入面试、现场答辩等环节。将来孩子们考大学，必须能进行高效的语言表达才行。现在我们就得开始准备。

高效的表达是指一个人能用恰当的语言精准传达、有力证明自己的观点。逻辑性和准确性至上，而无关文采。

很多国家和地区的学校会要求学生从家里带一件自己的宝贝，"宝贝"可以是一个玩具，也可以是任何自己喜欢的东西。然后学生要向全班同学展示并说明这件宝贝，告诉大家"它的什么地方特别厉害""我非常喜欢它，原因是……"。很多口才过人的顶级演讲家，都得益于他们从小接受的语言表达训练。

未来的日本教育即将转型，学生乖乖听讲、好好刷题就能考高分的时代将一去不返，每个孩子都要能表达自己的观点、与老师互动、跟同学切磋。当孩子对一个问题能发表自己独到的见解时，他定会引得周围人的倾听与注目。这不仅对他的学习有利，对他将来的生活和工作也有助益。

语言表达能力是可以通过训练提高的，男孩说得越多，表达能力就越强。跟女孩比，男孩在这方面的天资不占优势，所以男孩的父母更要提早准备。

我建议父母要有计划性地给孩子设置"演讲时间"，不要管演讲的长短和话题的类型。孩子可以自由选择演讲的话题，甚至可以以"喜欢的玩具"或"崇拜的英雄"为话题展开演讲，但要在父母面前介绍清楚这是什么，以及自己喜欢它的原因。我们要耐心倾听、及时鼓励。一开始，孩子肯定会说得磕磕绊绊、词不达意，但父母千万不要批评或挑他们的错。

就算孩子挑的话题无聊至极，就算他在翻来覆去地说车轱辘话，我们也要"忍"。我们只要忍得住一时，就能忍来孩子出口成章、侃侃而谈的那一天。毕竟孩子也会不好意思："我下次可不能再聊这个了，我已经讲了太多遍了。""我组织一下语言吧，讲得好玩些，让爸爸妈妈听得也舒服些。"父母可以把孩子的演讲拍成视频保存下来，将来能让他看到自己进步的足迹，并从中领悟哪些地方是怎么进步的。

做家务的男孩光芒万丈

当今时代，做家务已经不是女性的专属任务了。男人做家务理所应当。打扫、洗衣、烹饪等家务应男女平等,彼此分担。且一个男人想过得自在,就得有自力更生的能力,"搞定家务"是自力更生的基础。学校里对男孩的评价都有个新标准了:"做家务的男孩真帅!"所以男孩学习做家务,简直再合时宜不过了。

不少父母已经让男孩在做家务上搭把手了。但恐怕很难光靠父母扯两嗓子就让男孩自觉做好家务,更不可能让他掌握要领。而且有些孩子天生就讨厌扫地和做饭。若父母强行逼他们帮忙,恐怕只能引起他们的厌恶感甚至是逆反心理。

男孩讨厌收纳或打扫房间,父母就不能强硬地命令:"过来,把这里收拾干净!"我们要花点心思,想想怎么说才能引起他的兴趣,用做实验的思路去"玩"家务。比如我们可以说:"据说10元店里进了种特好玩的收纳架。咱们要不要买一个,看看它能不能把这些东西都装下?"

有些男孩属于"一点就通"的类型。只要父母稍加指点,他们就能明白要领,然后主动做家务,乐在其中,甚至欲罢不能。

如果孩子主动提出想帮忙做家务,父母一定不要拒绝他。此时,效率要让位于孩子的能力发展。

父母不要给孩子泼冷水:"你会洗什么衣服啊?怕是越洗越脏。""厨房不是你该来的地方。你别瞎折腾,这是食物,不是玩具！"这些下意识的拒绝只会让孩子产生挫败感，在他们心里留下一道疤。

孩子都有模仿大人的欲望，这也是成长的一种本能，是儿童的发育需求。孩子是在创造并证明自己的价值，父母欣然接受即可。

不过，如果孩子的学习落后，他已经抽不出时间，却还想帮忙做家务，那么父母就需要向他解释："谢谢你的心意，但现在学习为重，你先完成学习任务好吗？"让孩子确定好时间分配的优先级，保证每个学习任务都依次完成后，再学做家务吧。

此外，做家务项目的次序应该优先考虑父母的需求。当孩子想帮忙做饭，但父母其实想让他帮忙洗衣服时，大可有一说一，就让他先洗衣服。

孩子进入社会后，现实情况不是他想做什么工作，就有人给他安排什么工作的。帮助与被帮助的人是平等的，双向沟通很公平。

高效话术：

"嘿！儿子你切黄瓜很在行嘛，干得不错！"

没有妥协可选，没有放弃可言

本书几近尾声，我一直在努力回答父母的几个重要问题："父母怎么做，慢热男孩才会爱学习？""如何让慢热男孩更早地开窍？"

其中如有令读者朋友茅塞顿开之句，我倍感荣幸。从提笔到现在，虽然字字均发自肺腑，但也毕竟是一家之言，其中难免有不妥之处，可能让读者深感："这么说实属不妥。"

我在教育和医疗行业兜兜转转几十年，见证或亲尝了世上各种酸甜苦辣后，得出了此生都将深信不疑的结论：行万里路，须以目标为准；做万般事，皆以结果为王。"方法论"要为"结果"负责，切不可本末倒置。在万千路径中，通向罗马的就是正道。一时间迷失了方向也不要紧，我们只要一条条路试过去，找到那条正路就好。

　　所以"尽信书，不如无书"，包括我自己的这本书。父母不要因为用了本书推荐的方法，不见孩子的学习有起色，就否定孩子的能力与潜质。你要相信："这不是我儿子的问题，是和田教授的方法不好。"然后你需要不断尝试，给孩子尝试更多的备用方案，直至他邂逅适合自己的好方法。其他那些没有效果的方法，注定要被淘汰。本书中提到的传奇妈妈佐藤女士，不仅把4个孩子送进了东京大学，而且选的都是难度最高的高考科目。她就得益于这种思维。

　　另外，再好的学习方法、育儿理念都只是武器，孩子和父母若懒得用，又如何打得了"胜仗"？

　　有位小朋友是我的忠实读者，他把我的书读得滚瓜烂熟，积累的备考诀窍堪称"车载斗量"。但他的父母却对我有满腹牢骚："孩子读了你的书，成绩不升反降。还不如不读！"震惊之余，我赶紧了解情况。原来，孩子确实读了我的书，但从不实践我的学习方法，我哭笑不得。这个孩子把我的理论分享给了他的朋友，倒是这个朋友实践了我的方法，成绩有了显著进步。

　　你如果觉得书里的方法有几分道理，一定要和孩子一起下场实操。有效就用，无效就换一种。

　　回顾我的人生，父母给了我最大的学习动力，他们不遗余力地

后　记
没有妥协可选，没有放弃可言

向我灌输的"万事唯有读书高"的价值观，至今仍留在我的心中。

在育儿的路上，我们没有妥协可选，没有放弃可言。目标一旦确定，就不应该动摇；任何可能性，都值得一试。没有人天生就知道答案，但我们试得多了，自然就懂了、通了，于是知道如何才能坚持初心、实现目标。

最后，我要向大和书房的藤泽阳子和渡边稔大两位编辑表达由衷的谢意。两位编辑的倾力相助，让本书得以付梓，让我能为孩子们的学习尽一点微薄之力。

未来，属于终身学习者

我这辈子遇到的聪明人（来自各行各业的聪明人）没有不每天阅读的——没有，一个都没有。巴菲特读书之多，我读书之多，可能会让你感到吃惊。孩子们都笑话我。他们觉得我是一本长了两条腿的书。

——查理·芒格

互联网改变了信息连接的方式；指数型技术在迅速颠覆着现有的商业世界；人工智能已经开始抢占人类的工作岗位……

未来，到底需要什么样的人才？

改变命运唯一的策略是你要变成终身学习者。未来世界将不再需要单一的技能型人才，而是需要具备完善的知识结构、极强逻辑思考力和高感知力的复合型人才。优秀的人往往通过阅读建立足够强大的抽象思维能力，获得异于众人的思考和整合能力。未来，将属于终身学习者！而阅读必定和终身学习形影不离。

很多人读书，追求的是干货，寻求的是立刻行之有效的解决方案。其实这是一种留在舒适区的阅读方法。在这个充满不确定性的年代，答案不会简单地出现在书里，因为生活根本就没有标准确切的答案，你也不能期望过去的经验能解决未来的问题。

而真正的阅读，应该在书中与智者同行思考，借他们的视角看到世界的多元性，提出比答案更重要的好问题，在不确定的时代中领先起跑。

湛庐阅读App：与最聪明的人共同进化

有人常常把成本支出的焦点放在书价上，把读完一本书当作阅读的终结。其实不然。

时间是读者付出的最大阅读成本

怎么读是读者面临的最大阅读障碍

"读书破万卷"不仅仅在"万"，更重要的是在"破"！

现在，我们构建了全新的"湛庐阅读"App。它将成为你"破万卷"的新居所。在这里：

● 不用考虑读什么，你可以便捷找到纸书、电子书、有声书和各种声音产品；

● 你可以学会怎么读，你将发现集泛读、通读、精读于一体的阅读解决方案；

● 你会与作者、译者、专家、推荐人和阅读教练相遇，他们是优质思想的发源地；

● 你会与优秀的读者和终身学习者为伍，他们对阅读和学习有着持久的热情和源源不绝的内驱力。

下载湛庐阅读App，

坚持亲自阅读，

有声书、电子书、阅读服务，

一站获得。

CHEERS

本书阅读资料包
给你便捷、高效、全面的阅读体验

图书在版编目（CIP）数据

让慢热晚熟的男孩早开窍 / （日）和田秀树著；赵
学坤译. -- 杭州：浙江教育出版社，2023.4
ISBN 978-7-5722-5683-7

Ⅰ. ①让… Ⅱ. ①和… ②赵… Ⅲ. ①男性－学习方
法－家庭教育 Ⅳ. ①G791②G78

中国国家版本馆CIP数据核字(2023)第054153号

上架指导：男孩 / 科学养育

浙江省版权局
著作权合同登记号
图字:11-2023-098号

让慢热晚熟的男孩早开窍
RANG MANRE WANSHU DE NANHAI ZAO KAIQIAO

［日］和田秀树　著

赵学坤　译

责任编辑：沈久凌

美术编辑：韩　波

责任校对：李　剑

责任印务：陈　沁

封面设计：ablackcover.com

出版发行：浙江教育出版社（杭州市天目山路40号　电话：0571-85170300-80928）

印　　刷：石家庄继文印刷有限公司印刷

开　　本：710mm ×965mm 1/16

印　　张：14.5

字　　数：150 千字

版　　次：2023 年 4 月第 1 版

印　　次：2023 年 4 月第 1 次印刷

书　　号：978-7-5722-5683-7

定　　价：79.90 元

如发现印装质量问题，影响阅读，请致电 010-56676359 联系调换。